子どもの育ちをとらえる
ラーニング・ストーリー

いつでも,どこでも,だれでもできる観察・記録・評価

宍戸良子・三好伸子 著

北大路書房

推薦の言葉

　本書を手にして，私の駆け出しの頃を思い出す。当時は大学教育の中で援助技術の一つである「記録」が軽視されていた。したがって福祉施設等の現場ではクライエントの心の状態がややもして看過されがちであった。そんな状況に苛立ちを感じる新米の自分がいた。

　それから 40 年，現在のクライエントや保護者の課題は，発達障害，精神障害，被虐待によるトラウマ等，多岐にわたる。援助の方法も各方面の専門職の連携，そして地域でのネットワークが求められている。対人援助は「クライエントと私」の関係から「クライエントと私たち」の関係になっている。私たちはクライエントの前でしっかり立ち止まり，彼／彼女や保護者，そして家族の方々の歩んだ人生に思いを馳せ，孤独で深淵な一人ひとりの心と向き合わねばならない。そこに対人援助技術としての専門的な「記録」の必要性があり，ネットワークする援助者相互のためにもかけがえのないものとなる。

　私が専門とし，ライフワークともしている「観察と記録」は，各福祉現場への一石である。今回，その「観察と記録」の視点を尊重し，宍戸良子，三好伸子両氏によってラーニング・ストーリーが紹介され，テキストとして完成した。このテキストが保育現場のみならず，広く対人援助の現場に活用できるものに進化することを願ってやまない。

社会福祉法人 新天地育児院 副院長
（佛教大学 非常勤講師）

龍尾　和幸

▶▶▶ はじめに

＜記者会見……『子どもの育ちをとらえるラーニング・ストーリー』を作成したキウィさんが記者に囲まれている＞

キウィさん： みなさん，こんにちは。キウィです。今日は，お集まりいただきまして，ありがとうございます。

記　者　： 子どもの育ちをとらえる画期的な本ができたと聞いています。どんな本なんですか？（パシャパシャパシャ）

キウィさん： 「ラーニング・ストーリー（学びの物語）」という子ども理解に役立つものなんです。

記　者　： 「ラーニング・ストーリー」というのは，何でしょうか？

キウィさん： 子どもの記録をとって，それを使ってみんなでカンファレンス ―つまり，話し合い― をしながら，その子にとっての行動の意味を探っていくというものです。

記　者　： なるほど。では，そのラーニング・ストーリーの**メリット**とは，ズバリ？

キウィさん： メリットは3つあります。

> 1つめは，今，もっと知りたいと思っているあの子どもへの理解を深めていくことができます。
> 2つめは，「毎日，一人で保育をしている気がする……」と感じながら日々の保育に向き合っている方の孤独感や不安感を解消できます。
> 3つめは，みんなとアイデアを共有しながら，明日の保育を具体的に考えられるようになります。もっと子どものことを見つめたくなるんです。

記　者　： では，ラーニング・ストーリーのいちばんの**特徴**といえることは？

キウィさん： たとえ初めてその子どもに出会う人であっても，記録をとる視点が定められているから，記録を書くことができるんです。そして，カンファレンスの参加者になることもできます。

記　者　： ラーニング・ストーリーの対象（記録をとられる人）となるのは，子どもだけですか？

キウィさん： 対象は，子どもに限らず，誰にでも活用できます。そして，どんな場所でも，大人にも活用することで，子ども理解のみならず，まわりの友達や同僚などへの理解も深まります。また，活用していく中で，自分への気づきも得ることができるんです！

記　者　： おおー！（パシャシャシャシャ）
この本の**構成**について，ちょっとだけでも教えてください。

キウィさん： 3つの章で構成されています。
第1章（ミッション1）は，記録することの意義と記録の書き方について
第2章（ミッション2）は，ラーニング・ストーリーについて
第3章（ミッション3）は，子ども理解のさまざまな実践の紹介となっています。

記　者　： 最後に，読者へのメッセージがありましたら，お願いします。

キウィさん： わたしは，お茶を飲みながらリラックスして学ぶスタイルの中で生まれる気づきや学びを大切に考えています。
本書を活用しながら，みなさんと一緒に学びの過程を歩んでいけたら，とてもうれしいです。

記　者　： ありがとうございました。（パシャパシャパシャパシャ）

もくじ

推薦の言葉　i
はじめに　iii
登場人物の紹介　vi

ミッション1
記録することの意味を探る

▶▶▶イントロダクション①　3
1．なぜ，記録するのか？ ……………………………………… 12
2．記録を書く基本 ……………………………………………… 14
　（1）観察した事実を，子どもを主体とした表現で書く　15
　（2）タイトルをつける　22
3．子ども理解のカンファレンス ……………………………… 24
4．本書で扱う「記録」に関する基本の考え方 ……………… 26

ミッション2
子ども理解を深める方法（ラーニング・ストーリー）を学ぶ

▶▶▶イントロダクション②　31
1．子どもをどのような存在としてみるのか ………………… 34
2．ラーニング・ストーリーとは何か ………………………… 40
　（1）育んでいきたい子どもの姿とは　40
　（2）ラーニング・ストーリーとは　44
　（3）ラーニング・ストーリーの子どもをとらえる5つの視点　46
　（4）子ども理解の進め方の手順　48
　（5）記録様式について　49
3．ラーニング・ストーリーに挑戦 …………………………… 50
　（1）全体の流れと実践者の気持ち　50
　（2）「あ，もう書けた！」驚くほど，記録は簡単　52
　（3）記録をもとに保育カンファレンスを行うことが大切　54
　（4）記録をもとに子ども理解を深める　56
　（5）あなたもラーニング・ストーリーに挑戦してみましょう　60

ミッション3
子ども理解のためのさまざまな実践をリサーチする

- ▶▶▶イントロダクション③　71
- １．保育現場での実践 ……………………………………………………… 73
  - （1）子ども自身の自己評価に着目した取り組み（ラーニング・パワーヒーロー）　73
  - （2）子どもの声を聴くという信頼のかたち　78
  - （3）迷い，悩み，試行錯誤しながらラーニング・ストーリーを綴る熱心な保育者たちの語り　85
- ２．保育者養成校での実践 ………………………………………………… 88
  - （1）自分たちの学びの過程をとらえる記録　88
  - （2）形式や固定概念にとらわれない幅をもたせた記録から見えてきたこと　90
  - （3）保育者と学生をつなげる―保育者が書いた子どもの記録を用いた学生によるカンファレンス―　92
- ３．保育者・学生・養成校教員による実践共同体の構築を目指して … 96
  - （1）みんなで子ども理解のカンファレンスを行ってみると……　96
  - （2）子ども理解においてはカンファレンス参加者全員が対等である　101
- ４．実践例 …………………………………………………………………… 108
  - 実践例① "子育てひろば" での実践　／　実践例② 保育所での実践
  - 実践例③ 認定こども園での実践　／　実践例④ 保育所での実践
  - 実践例⑤ 養成校での実践　／　実践例⑥ 養成校での実践　／　実践例⑦ 養成校での実践
  - 実践例⑧ 児童養護施設での記録を用いた多職種協働による子ども理解のカンファレンスの実践

＜提出用＞学びの振り返り　129
フリーページ　131
おわりに　135
あとがき1　海外・国内の保育界の動向とラーニング・ストーリーの関係（宍戸良子）　138
あとがき2　本書を生かした保育カンファレンスの改善（三好伸子）　143
著者自身のラーニング・ストーリーと読者のみなさんへのメッセージ　146

> コラム1　「子ども理解のカンファレンス」の場で，本音が話せる？　▶▶▶　25
> コラム2　対照的な2つの子ども観　▶▶▶　37
> コラム3　ニュージーランドのアセスメントの実際　▶▶▶　58
> コラム4　評価は重くて難しいもの？　▶▶▶　65
> コラム5　学びの過程の可視化：その他の方法　▶▶▶　81
> コラム6　誰のための何のための記録？　▶▶▶　87
> コラム7　実習記録を活用したカンファレンス　▶▶▶　94

本文キャラクターイラスト：髙木理加

【登場人物の紹介】

わたしたちは，「記録」に対して，こう思っています!!

● 心配性の**どきどきちゃん**

保育の現場でアルバイトをしながら勉強中。
真面目に学習し，記録を丁寧に書いているが，それを十分活用できていないと感じている。

わたしは，子どもの姿を毎日記録しているけれど，誰も見てくれないから，正直，どうすればいいの？ ってどきどきしちゃう。
記録を書いても，合っているかな？
保護者や保育者の人たちは，どう思うかな？ と気になって，記録を誰かに見せるのは，とても緊張します。記録ってどう活用したらいいの？

● いつも元気な**イケイケくん**

明るく元気で前向きな学生。学習の振り返りや考察が苦手だと感じている。

勢いで勉強しようぜ！ 自分の感情に素直になろうぜ！
子どもがかわいいと思ったら，「かわいい」って，記録に書いたり，写真を撮っておいたりしておくといいじゃん！

● 絵が大好きな**ラブリーママ**

我が子・りーちゃんのイラスト付きの育児日記を書いている子育て奮闘中のママ。

わたし，子どものかわいい様子をイラスト付きで日記にしているの。
文章だけで書くより，楽しいから♡
でも，誰にも見せないけど……。

● **謎のえっへんじいさん**

子ども理解のための評価は，できる・できないというチェック項目ですべてを測り知ることができるものだと宇宙学校で習った考え方を信じている。

記録とは〜，えっへん!!
記録をもとに話し合うより，保護者や管理者に見せた後，保管するのだ！
えっへん!!

● **地球人のキウィさん**

子ども一人ひとりを信頼し，子どもが物事に関心を持ち熱中している姿を見つけてじっくり観察し，その子ならではの学びの過程をとらえ，好奇心や探究心を持った学びたがり屋に育っていく姿を見守っていきたいと思っている。

子ども一人ひとりの中で進んでいる学びをとらえていくことができるラーニング・ストーリー*に魅力を感じています。
記録を使って，いろいろな人たちと子どもたちのことを語り合い，理解したいです。

◆ **ワーク0　自分のことを考えてみよう**

▼あなたは，どんなタイプ？　　　　▼記録に対して思っている一言は？？？

記録を書くことは，自分の考え方や，人との考え方の違いに気がつくというメリットもあります！

---

*　ラーニング・ストーリー（Learning Stories）は，マーガレット・カー（Margaret Carr）らによって開発された子ども理解のためのアセスメント方法である。信頼を基盤とし，子どもを「有能な学び手」としてとらえ，子どもの欠点（できないことやマイナス面）に着目するのではなく，関心を持つ姿，熱中している姿，困難に立ち向かう姿，考えや気持ちを表現する姿，役割を担う姿に着目し，観察記録およびカンファレンスを行いながら，子ども一人ひとりが自ら学び，自分を取り巻く社会にあらゆる姿で参加していく姿を「発達」ととらえる立場をとる。

ある日のこと―

宇宙の子どもたちの幸せのために,
以下の3つのミッションをクリアしようと,4人の仲間が,地球にやってきました。

> ミッション1　記録することの意味を探る。
>
> ミッション2　子ども理解を深める方法（ラーニング・ストーリー）を学ぶ。
>
> ミッション3　子ども理解のためのさまざまな実践をリサーチする。

イケイケくん　　　：　　なんかおもしろそうな惑星だなー！

ラブリーママ　　　：　　うんうん。すてきな出逢いと学びがありそうな予感♡

どきどきちゃん　　：　　ドキドキわくわく……。

えっへんじいさん　：　　えっへん！

ミッション 1

記録することの意味を探る

▶▶▶ イントロダクション①
＜キウィさんとの出会い・・・・・日本の保育園＞

キウィさん： 　子どもたち，かわいいな～。

← 子どもの写真つき記録「ラーニング・ストーリー」

イケイケくん： 　ハロー！
　　　　　　　　ぼくたち，宇宙から地球に来たばかりなんだ！
　　　　　　　　力を貸してくれない？

えっへんじいさん：こらこら。急に失礼しました。
　　　　　　　　記録のことを学びに来たのですが，簡単にできることではないと承知しています。
　　　　　　　　あ～。この子たちが，わたしのような記録のプロになるには，100年ほどかかるでしょうな～。
　　　　　　　　えっへん！

キウィさん： 　まあ，こんにちは！
　　　　　　　　わたしは，保育者の先生たちや学生さんたちと一緒に子どもたちの記録のことを勉強しています。
　　　　　　　　子どもたちの記録は，怖がらずに，いつでも，誰でも，まずは書いてみることが一番大切ですよ。

イケイケくん： 　そうなんだ！　教えて！　書いてみたい！

キウィさん： 　では，今いるメンバーの興味・関心事に注目して，記録を書いてみましょうか。

イケイケくん： 　え?!　オレたち自身の記録?!

キウィさん： 　そうです。ここにいるすべての人に，その人ならではの物語が存在します。
　　　　　　　　どのような学びの物語が進んでいるのか，記録を書いてみんなで話し合うとよく見えてくるんですよ。

ラブリーママ： 　すてきー。やってみたい♡

キウィさん：　　　みなさんが今，興味・関心があることは，どんなことですか？

自　分：

友　達：

イケイケくん：　　オレは，3つのミッションをやり遂げて，大物になること！

ラブリーママ：　　わたしは，お菓子作り♡

どきどきちゃん：わたしは，今やっているアルバイトのこと……。あと，就職できるかなとか。

キウィさん：　　　うんうん，なるほど。
　　　　　　　　　みなさん一人ひとり，すてきな興味・関心事がありますね。
　　　　　　　　　では，その興味・関心をテーマにして記録をとり，他者理解を深めるワークに挑戦してみましょう！

　　　　　　　　　下に紹介するルール★1で，グループワークを進めてみてください。

▼グループワークのルールを知って，役割分担を決める

【人数構成】　5名以上で構成されたグループ
　A：記録対象者（1名），B：会話の相手役（1名），C：記録者（その他構成員全員）

【話し合いのテーマ】
　「Aが今，興味関心をもっていること」

【グループワークの流れ】
　①　A，B間でテーマに沿って会話をし，その内容をC集団が記録する。
　②　①をもとにC集団で，次の2つについて話し合いをする。

　　（ⅰ）Aの中で今進んでいる学びは何か
　　（ⅱ）これからAはどうするか（またはB，C集団の立場としてAに何ができるか）

　③　②の結果をA，Bの前で伝える。
　④　役割を代えて，再度実践する。

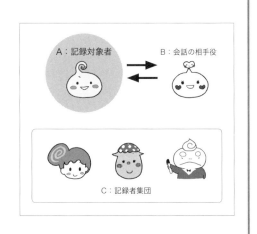

ミッション1　記録することの意味を探る

イケイケくん：　オレ，自分が今，興味あることを話したいし，記録をとってもらいたいから，A役をやる！

ラブリーママ：　じゃあ，わたしは，イケイケくんのお話を聴くBの会話の相手役をやるわね。

どきどきちゃん：……わたし，自信はないけれど，記録は毎日書いているから，仲間がいるし，Cの記録者になってみる。ドキドキ……。

えっへんじいさん：わからないことがあったら，わしに聞きなさい。

キウィさん：　役割分担は決まりましたね！
　　　　　　　では，次ページの記録用紙を使って，グループワークを始めてみましょう。

どきどきちゃん：記録用紙の，矢印の順に書いていったらいいんですよね？　……ドキドキ。

キウィさん：　そのとおりです。Cの記録者集団は，A役が話す内容を，まずはどんどん書きとってみてください。

ラブリーママ：　じゃ，始めましょ。イケイケくんが自己紹介で言ってた「3つのミッションをやり遂げる」ってなあに？

……　略　……

◆ワーク1　他者理解を深めよう

テーマ _____　　記録者氏名 _____

年　　月　　日（　）	子どもの名前	（　　歳児）

記　録
5つの視点で子どもの姿をとらえ，ありのまま書く。

タイトル：

1. **関心**をもっている
2. 何かに**熱中**している
3. **困難**ややったことがないことに向き合っている（いろいろな方法で問題を解決しようとしている）
4. **自分の考えや気持ち**を表現している（言葉，ジェスチャー，音楽，造形，文字，数，図形，物語などを使って表現しようとしている）
5. **責任のある行動**をとっている（公平さを守ろうとしている，自分を振り返っている，他の人の手助けをしている，園の生活や保育に役立とうとしている）

☺ ひとりでやろう

短期間の振り返り その子の中で進んでいる学びや可能性を考えられるだけ書き出してみよう。	次はどうする？ その子は次に（明日）どのようなことをするか。 その子の学びを，私たちはどのように支援できるだろうか。
☺☺☺ みんなでやろう	☺☺☺ みんなでやろう

ミッション1　記録することの意味を探る

| テーマ .... | 記録者氏名 .... |

| 年　　月　　日（　） | 子どもの名前 | （　　歳児） |

記　録
5つの視点で子どもの姿をとらえ，ありのまま書く。

タイトル：

1. 何かに**関心**をもっている
2. 何かに**熱中**している
3. **困難**ややったことがないことに向き合っている（いろいろな方法で問題を解決しようとしている）
4. **自分の考えや気持ち**を表現している（言葉，ジェスチャー，音楽，造形，文字，数，図形，物語などを使って表現しようとしている）
5. **責任のある行動**をとっている（公平さを守ろうとしている，自分を振り返っている，他の人の手助けをしている，園の生活や保育に役立とうとしている）

☺
ひとりで
やろう

| 短期間の振り返り
その子の中で進んでいる学びや可能性を考えられるだけ書き出してみよう。 | 次はどうする？
その子は次に（明日）どのようなことをするか。その子の学びを，私たちはどのように支援できるだろうか。 |

☺☺
☺
みんなで
やろう

☺☺
☺
みんなで
やろう

キウィさん： グループワークをやってみて,いかがでしたか?

あなた ：

A：記録対象者役の感想	
B：会話の相手役の感想	
C：記録者役の感想	

キウィさん： 担う役割によって,さまざまな感覚を味わえるかもしれません。

イケイケくん： ってかオレ,記録をとってもらったの人生で初めてだ。

キウィさん： うんうん。

普段の保育の場では,子どもが記録対象になるため,自分自身がA役（記録をとられる側）になる機会は,これまでなかった方が多いと思います。
だからこそ,記録を用いてみんなに理解してもらうという中で感じた想いを,大切にしてください。
きっとその想いが,「子どもの姿を記録することの意味」への理解にもつながっていくと思います。

どきどきちゃん：……なんだかわたし,緊張するけど,A役もやってみたくなっちゃった。

キウィさん： いつでもどこでも,どんなメンバーでもできますので,いろいろな役を体験してみてくださいね。
こんなふうに,わたしたちは一人ひとりいろんな興味・関心があって,自分を取り巻いている状況も一人ひとり異なりますよね。今わたしが夢中で学んでいるラーニング・ストーリーという子ども理解を深めるためのアセスメント方法は,そういった「一人ひとり」の「状況」と「学び」や「育ち」は,密接に関わっていて,切り離せるものではないと考える立場をとります。

ラブリーママ： みんな違っているという考え方が前提にあるってことね。

キウィさん：	そのとおりです。子ども一人ひとりを取り巻く状況の中で，その子の興味・関心に基づき，今，育っているその子ならではの学びが存在します。 だから，子どもに内在する育ちの力を信頼し，その学び成長する「過程」をとらえようとするものが，ラーニング・ストーリー（学びの物語）なんです。
ラブリーママ：	その子だけの，その子ならではの物語に目を向けるって，一人ひとりのことをすごく尊重している感じがするし，どんな物語が展開されていくのか何だかとってもわくわくする。
キウィさん：	うんうん，ではこれから一緒に学びを深めていきましょうね。 ところで，うっかりみなさんの名前，まだ聞いてなかったわ。 せっかくだから，楽しく自分の名前を使って，自己紹介してみませんか。
イケイケくん：	名前を使って？
キウィさん：	そうそう，名前の一文字一文字を頭文字にして文章をつくって，自分を見つめるきっかけにするんです。 たとえば，わたしなら，

キ …… キリンはペットにできるかしら。今は，くちばしの長いトリとヒツジを飼っているんです。可愛くて。
ウ …… ウチュウから来たみなさんに出逢えて感激です。
ィ …… 今から一緒に，子ども理解を深めることができる記録のことを学んでいきましょう！

という感じです。

どきどきちゃん：	なんだか，見られると思うと恥ずかしいです。ドキドキ……。
キウィさん：	うんうん。他の人に見せるかどうかは，自由ということにしましょう！

◆ワーク2　自己紹介文をつくり自己を見つめよう

自己紹介カード：今のあなたのことを教えてください！「子ども理解は自己理解」です。
　　　　　　　例）保育観・趣味・悩み・今後の抱負など何でもOKです！

枠内に，名前を
一文字ずつ記入　⇒　その一文字から文章をはじめて，自分を表現してください。

キウィさん： 先ほどのワーク1をやってみたとき,「興味・関心をもっていること」というテーマを見つけにくかった方は,いませんか？ 自分の内にある思いや本当に話したかったことを表出できたでしょうか？
みなさんの中には,忙しい日常生活を送っていて,「急に言われても,自分自身のことをゆっくり見つめる時間がなくて,なかなか思いつかなかった」という方もいらっしゃるかもしれませんね。

ワーク2の用紙を使って,自己紹介文を考えながら,ゆっくり,あらためて自分のことを見つめられるといいですね！

自己紹介カードに「子ども理解は自己理解」＊と書いてありますが,
本書で学びを進めていくと,その意味をだんだんと感じられるかもしれません。
楽しみですね！

＊ 田中孝彦は,「親・保護者や,福祉・医療・心理臨床・文化・行政などの諸領域で働く『発達援助職』の人びとや,教師などの大人たちが,子どもたちが発している声に耳を傾けて,『子ども理解』を深めようとすることは,実は,同時に,そうしようとする大人たち自身が,自分たちのこれまでの生活をふりかえり,現在の生活の質を点検し,これからの生活に想いをめぐらせ,『自己理解』を深めようとする精神的・思想的ないとなみでもあるということです。」と述べている。田中孝彦『子ども理解と自己理解』(かもがわ出版 2012 pp.228-229)

1．なぜ，記録するのか？

キウィさん： みなさんは，保育者＊の仕事内容でどのようなことが大切なことだと考えていますか？

イケイケくん： うーん。子どもと遊ぶこと！

えっへんじいさん：これは，失礼しました。えっへん！
保育者は日々，誠心誠意子ども理解に努めて，豊かな育ちを推進するという保育目標を達成できるよう邁進（まいしん）するために，管理者であるわたしは，有能な部下を育成する思考と技術を……。

キウィさん： ラブリーママは，日記を書いていると言っていたけど，どう思う？

ラブリーママ： 子どもを見ていると，自然に子どものことを書き留めておきたくなったんです。それに，書いてみると，わたしの子育てに対する気持ちも整理できるっていうか……落ち着くんです。

キウィさん： すばらしいです。書くことが楽しいといいですね！
保育者の仕事は，いろいろな大切なことがあるけれど，わたしは，子どもを理解することがとても大切だと考えています。そして，子どもを理解するために，記録を書くことが有効だと考えています。

どきどきちゃん：キウィさんが教えてくれる記録の書き方は，難しいんですか？　ドキドキ……。

キウィさん： いいえ！　みなさん，さっきイケイケくんの記録をもう書きましたよ！

みんな： え？　あれならできそう！　楽しかった！

| 保育の実践記録を書く | | 子どものことを理解する・子どもを見る自分の考え方を理解する |

書く人が楽しい，見る人が楽しい，そして，書く人も見る人も子ども理解が深まる記録を書きましょう！

＊　本書の使用対象者は，人の成長や発達を援助するすべての方々であるが，保育現場の保育者，保育者養成校の学生を主な使用対象者として作成しているため，主な使用対象者が理解しやすいように，「保育者」と記した。また，保育士と限定するべき箇所も保育者と表示している。

ミッション1　記録することの意味を探る

キウィさん：　　まず，保育の場での記録と日記＊は，どのように異なるのかを考えてみましょう。

◆ワーク3　記録と日記の違いとは？

記録　⇒

日記　⇒

えっへんじいさん：そうですな！　記録は，管理者に提出して，添削を受けなければ，
　　　　　　　　クレームがきますからね！

キウィさん：　　えっへんじいさん，違うんです!!
　　　　　　　　人に見せるというのは，記録を，同僚や，保護者，実習生，子ども自身など，子どものまわりの人たちに見せて，いろいろな意見を出し合いながら，子どものことについて話し合うということです。

みんな：　　　　わかった！

キウィさん：　　ここまでの記録に関する気づきや学びを，ワーク4に，学びの足跡として残してみましょう。

◆ワーク4　記録ってどんなもの？

～メモ～

記録を誰かに見せて対話しよう！
子どものことや自分のことを知る
きっかけになる！

＊　西河は『日記をつづるということ　国民教育措置とその逸脱』(吉川弘文館　2009)において，日記の定義の難しさを述べると同時に，「英語の log は，広辞苑が『日誌』の定義で触れているように，団体・組織・集団の記録であって，その点において，他人には見せない原則の個人の日記である diary と区別される」と述べている。さらに，「日記をつづることを教育手段とした『自己形成』，ただし，社会性をもった規律正しい自己を形成せよ，という叱咤激励は，近代の早い時期に始まっていた」としている。その結果，「義務として書かされて教師に提出を強制された体験から日記が嫌いになった体験者と，義務として強制されなくなってからも日記をつづることをつづけ，それが習慣になったと語る経験者に分かれる」としている。本書においては，記録を見せるということを，義務化する，強制するととらえるのではなく，ありのままの事実を共有することにしている。

2. 記録を書く基本

キウィさん： 記録を書く基本を勉強しましょう。
気をつけることは，2つです！

(1) 観察した事実を，子どもを主体とした表現で書く。

- 事実と主観を混ぜ込まない
- 思い込みの表現で書かない
- あいまいな言葉や否定的な言葉で書かれていないか確認する

(2) タイトルをつける。

- 人（周囲の人たち・子ども本人）に見てもらうため
- 自分が後で見直すため

イケイケくん： 基本は2つか！
それなら，書けそうだ！ みんな，頑張るぞ！

(1) 観察した事実を，子どもを主体とした表現で書く

キウィさん： 保育現場の事例をイメージして記録を学びましょう。

> 記録では，子どもの名前を仮名にしましょう。

ラブリーママの記録：りーちゃん（1歳）

　りーちゃんは，まわりの友達やおもちゃに目を向けることもなく，砂場でじっとうつむいて座っています。
　わたしはりーちゃんのいつもの様子に気づき，「遊ばないの？」と声をかけました。りーちゃんは，わたしの顔を見て，座ったまま両手を伸ばしました。わたしが抱っこすると，りーちゃんはわたしの首にしがみついてきました。身体は，汗ばんでいて，緊張しているように固くなっていました。

イケイケくん： これだけ？　記録って短いな〜。こんな子どもが何もしていないときの記録って，必要なの？

キウィさん： 短い記録でも，有効ですよ。「何もしていない」と思い込まないようにして，記録を書いてみましょう。
　そのときは子どもの育ちがわからなくても，事実の記録を重ねることで見えてくることもあるのですよ。
　「保育者は，身体を通してその子とかかわり，身体を通してその子を理解し，身体を通して応じる」[★2]とも言われています。だから，自分が直観的に感じたことを記録に書いてしまいがちなのだけれど，後で，記録を誰かと共有するためにも，まずは思い込みを排除することが大切です。
　それに，記録を書く時間は，その出来事の後になることが保育の現場では多いです。
　ですから，「起こった出来事から，最初にその記録が残されるまでのところで，どれほど事象に忠実であるかが，常に吟味されなければなりません」[★3]と言われています。
　コツは，「あいまい言葉にご用心！」です。

えっへんじいさん：わしの思い込みは，長年かけて培った力なのじゃ〜。
　　　　　　　　　えっへん！

◆ワーク5

15ページのりーちゃんの記録を見て、思い込みやあいまい言葉の含まれる文章を、事実を表現する文章に直してみましょう。

	思い込みのあるあいまい言葉の含まれる文章	子ども主体の事実を表現する文章 （見たそのままを書く）	ヒント！
1	りーちゃんは、悲しそうな顔だ	りーちゃんは、うつむいている。	記録をみて！
2	りーちゃんを抱きあげた		主語は？
3	りーちゃんは、何かにおびえているようだ		思い込み？ 記録を見て！
4	りーちゃんは、ぐずぐずとして何も言わない		オノマトペ （感覚的言葉）
5	りーちゃんは、のどが渇いているようだ		記録には書いてありません。
6	りーちゃんは、いつも遊びに集中できない		いつの記録？

キウィさん： 　子どものありのままの姿を記録することが大切ですね。
　　　　　　　あいまい言葉について、もう1つ注意することがあるんです。
　　　　　　　オノマトペ＊って聞いてことありますか？
　　　　　　　オノマトペとは、「擬声語・擬態語・擬情語」などの感覚的な言葉です。
　　　　　　　ワークをしながら、どんなときに使うと有効なのか、考えてみましょう。

＊　オノマトペ（onomatopee）は、擬声語という意味のフランス語である。現代社会の中で親しまれている言葉である。

◆ワーク6
「オノマトペ」に下線を引きましょう。

① 会話の中の「オノマトペ」

　みなさん，記録の学習をわいわい，がやがや，そしてリラックスして進めていますか？ それとも，まだ，始まったばかりなので，キチッと，テキパキ，かっちりしていますか？ まさか，ピリピリした顔で，ガタピシ音をたてて書いている人はいませんよね？　気持ちがイライラ，ムカムカしている人や，ボケっとしたり，ノンベンダラリとしたりしている人はいませんか？　そんな人は，ガツンと発言するえっへんじいさんに，スパッとグサッと突き刺さる言葉をかけてもらいましょう。

キウィさん：　①のように，会話に使うと楽しいオノマトペですね。
　　　　　　　では，次の子どもの記録のオノマトペに下線を引いてみましょう。

② 子どもの記録の中の「オノマトペ」

　まこくん（5歳児）が，クラスの全体活動でリズム運動をしている。まこくんは，＜時計＞の運動のとき，手をピーンとしている。音が止まると，ピタッととまり，自分の手と壁掛け時計をチラチラと見ている。友達に＜うま＞の運動をしようと誘われると，うんうんとしている。部屋をウロウロとしてから，座ってぼーっとしている。＜手押し車＞の運動のとき，顔をハアハアしている。友達と交代して，足を持たれると，手がベターとつぶれてしまった。へなへなしている。＜トンボ＞の運動のときは，グラグラとしているが，顔はにこにこしている。

キウィさん：　記録にオノマトペを使うと，事実の様子があやふやになり，子どもの様子がわかりにくくなりがちです。
　　　　　　　あやふやで，記録者しかわからない記録になってしまうと，誰かと共有するときにもう一度整理して説明しなくてはならなくなります。
　　　　　　　事実の記録を書いておくと，後で子どもの様子を共有することができます。
　　　　　　　あいまい言葉，オノマトペに気をつけて書きましょう！

イケイケくん：　おれの名前って，オノマトペなのかな？　イエーイ!!

キウィさん： それではさらに,「リフレーミング」をして,記録を見直してみましょう。リフレーミングとは,自分が,ものや子どもの姿などを見ているフレーム（枠組み）をいったん外して見ること,違うフレームをはめて見ることです。
次に紹介するのは,保育実践の記録だけでなく,日常生活の夫婦や親子関係の中でリフレーミングを使うことを推奨している話です。

> 見方を変えて違う言葉で言ってみよう！

リフレーミング──龍尾和幸「ものは言いよう,言葉もつかいよう」*4 より

「主人は息子に冷たいのです」。「夫が何を考えているのか分からないのです」。

　これは息子の不登校や引きこもりの相談に来られるお母さん方の言葉です。（中略）家庭の中での我が子の存在を肯定したいと願うあまりに,夫婦が結果的に一方の人格を否定してしまうのでしょう。しかし,子どもは家庭の中で父と母のそれぞれに片足をかけて立っているわけです。父と母という同じ高さにあるべき足元が,大きくずれていれば子どもはまっすぐに立っておれなくなります。父か母の一方の人格が否定されると,子どもは家庭で心地よい生活を行いがたくなるということです。（中略）リフレイミングして,肯定的言葉に置き換えれば「冷たい夫」は,「さっぱりしている夫」とか「現実を把握できる夫」と言い換えることができます。「何を考えているかわからない夫」は,「おっとりしている夫」や「控えめな夫」ということになります。（中略）「気が短い夫」は「活発な夫」,「計画性が乏しい妻」は「純粋で大らかな妻」と,身近な言葉をリフレイミングして,お互いの関係を見つめ直されてはいかがでしょうか。

イケイケくん：　えっへんじいさん,メガネ取ったほうがいいよ！

えっへんじいさん：わしは,メガネをかけていないぞ！　え？　色眼鏡……？

ラブリーママ：　一緒に勉強しましょう。

えっへんじいさん：そうじゃな～。
　　　　　　　　まあ,わしには簡単すぎるが,やってみるか。

ミッション1 記録することの意味を探る

◆ワーク7 リフレーミング①

自分の感覚で自分だけがわかる記録を書いていないか，見直そう！

左の文章の形容詞を ⇒ 子どもを主体とした事実を表現する言葉に替えてみよう。

	あいまい言葉　→	子どもを主体とした事実を表現する言葉
A	あき君は，プレゼントをもらってうれしそうだった。	あき君は，プレゼントをもらうと，「やった」と言って飛び跳ねた。
B	ぶぶさんは，寂しそうな顔で立ち去った。	
C	しずかさんは，狭いところで苦しそうに座っていた。	

> 寂しそうな顔・苦しそうな顔を演じてみましょう。

◆ワーク8 リフレーミング②

左の文章の副詞を ⇒ 子どもを主体とした事実を表現する言葉に替えてみよう。

	あいまい言葉　→	子どもを主体とした事実を表現する言葉
A	あき君は，ひたすら勉強している。	あき君は，2時間勉強している。
B	ぶぶさんは，なるべく目をあわせないようにした。	
C	しずかさんは，すごく驚いた。	

キウィさん：　　　今度は，写真からも事実をとらえてみましょう。

◆ワーク9　写真から事実をとらえる
①あきくん（3歳児）が，岡山の祖母を訪問した際に，初めてのことに挑戦しています。

タイトル：

記　録：

あきくんを主体とした事実を表す言葉で，記録を書いてみましょう。

キウィさん：　　　あいまい言葉を使わずに書いていますか？
　　　　　　　　　隣の人と，比べ合ってみましょう。

キウィさん： もう一度，別の写真をよく見て，書いてみましょう。

②きょうちゃん（2歳児）が，保育園で足形をとってもらう経験をした後の，家庭で熱中している様子です。

タイトル：   記　録：

ラブリーママ： いつも，カメラ目線の笑顔の写真を撮ろうと思わなくていいのね。
　　　　　　　こういう姿を写真に収めることに意味があるんだなーと思いました。

(2) タイトルをつける

えっへんじいさん： えっへん！ タイトルは，できるだけ，長く，難しい言葉で書くのが，よろしい。えっへん！

キウィさん： えっへんじいさん，違います。子どもの姿をとらえた記録にタイトルをつけると，どんな場面で，自分が何を記録したかが，よくわかるのです。
そして，人に見せるときに，まず，タイトルを読んでもらって内容を理解する入口にしてもらいます。

どきどきちゃん：わかった！　記録を読み始めるスタートね！　ドキドキ……。

キウィさん： そうなんです。人は，小さい入口から，読み始めて，全体像を読みます。
だから，タイトルは，できるだけ具体的に，子どもの様子が表現できるようにするといいですね！
子ども自身も読むことをイメージしてタイトルをつけましょう。

◆ワーク 10　タイトルをつけてみましょう

「　　　　　　　　　　　　　　　　　　　　　　　　　　　　　　　」

（日付：6月○日　記録者：保育士ぴぽ　対象児：1歳児クラス　しゅん君）

　　検診前に，保育士ぴぽの前に1歳児クラスの子どもたち12名が集まっています。しゅん君も，いつもと違う別の保育室の前の廊下で，まわりを見渡したあと，座ってAを見つめています。
　　ぴぽが，「今からお医者さんのところに行きます。お医者さんの前で，『べーってするのよ』」と言うと，しゅん君は，口を大きく開けて舌を出しました。
　　ぴぽが，大笑いして，「目よ」と言って，瞼の下を指で押さえて下に下げて「べー」として見せました。
　　すると，しゅん君は，真似をして目と，舌を一緒に「べー」としました。まわりの子どもたちもしゅん君の姿を見て，真似をして目と舌で「べー」としました。保育士たちが笑い合い，検診の前に明るい笑い声が起こりました。
　　しゅん君は，まわりの友達と保育士たちの笑顔を見て，笑っていました。

キウィさん：　　　　イントロダクションのワーク 1 の記録と，ワーク 9・ワーク 10 の記録にもタイトルをつけて発表してみましょう。
　　　　　　　　　これから本書での学習を進める中で，タイトルの箇所があるときには，進んでタイトルをつけてみましょうね！

ラブリーママ：　　　日記には，タイトルはつけてなかったわ。
　　　　　　　　　記録は，他の人が見やすく，読みやすいように，タイトルがいるのね。
　　　　　　　　　りーちゃんが読むことを考えると，楽しいわ！

キウィさん：　　　　みなさん，よく頑張りました！

　　　　　　　　　記録を書く基本が，身につきました！
　　　　　　　　　ちょっと，お茶にしましょう！

3. 子ども理解のカンファレンス

キウィさん： 記録を誰かに見せて話し合うことが大切だとお話ししましたね。
その会議のことを，保育の現場・子育て支援・対人援助の現場では，「保育カンファレンス」と呼んだり，「ケースカンファレンス」と呼んだりしています。
呼び方はそれぞれの現場で自由に決めていただいたらいいと思いますが，本書では，一人ひとりの子どもを理解することに目的を持った「子ども理解のカンファレンス」と呼んだりしています。
カンファレンスでは，「正答とか，意見の一致を求めず，多様な意見のつき合わせによって，それぞれの考え方を再構築し，お互いが成長していくことを重視」★5 することが大切です。

ラブリーママ： カンファレンスでは，みんなが，自分の思ったことを安心して言えばいいってことかな？

キウィさん： その通りです。1つの正解を求めていないから，なんでも思ったことを言っていいのです。
正しいことを言わなくてはならない，格好いいことを言おうと思わずに，リラックスして対話しましょう。
そして，時には自分自身に湧き起こる「負の感情」＊を話してもいいと思います。みんなで考えていきましょう。

イケイケくん： 「負の感情」って，なんだろう？　子ども理解ができない！　わからない！って，言ってもいいのかな？

キウィさん： 一度のカンファレンスでの子ども理解を目標にするのではなく，いろいろ対話しながら，理解を進めるといいと思います。そのとき，自分の素直な感情を言い合えるといいですね。

＊　田中孝彦は，「子ども理解のカンファレンス」が「教師たちの努力の軸にすわることが大切だと思っている」と述べ，その意味を3つ（①教育実践の質を左右する子ども理解のセンスを鍛え合う　②「共通理解」と「個人的理解」を同時に深める　③子どもとともに生きている周囲の人々への関心を広げる）に分けて整理している。①の中で，田中は『「子ども理解のカンファレンス』は，もちろん子どもについての理解を深める場所ですが，同時に，子どもを理解しようとすることは，子どもに向き合ったときに教師の内部に発生してくる感覚や情動や感情を吟味しながら，自分自身の感じ方や考え方を自己吟味することでもありますから。」と述べている。田中孝彦ほか「「子ども理解」の今日的課題と臨床教育学」『教師の子ども理解と臨床教育学』（群青社　2006　pp.51-53）

> ▶コラム1
>
> 「子ども理解のカンファレンス」の場で，本音が話せる？
>
> 　田中孝彦は，「子ども理解のカンファレンス」の場について，「ある子どもに向き合っていると，『心の底から怒りがこみ上げてくる』といったような偽りのない教師自身の内面を，率直に出すことができ，それを責められるのではなく受け止められながら，なぜ自分はそう感じるのだろう，そう感じる自分は何者だろう，それはどのような成育史や実践史の経験から来ているのだろうというように，自己吟味していくことができる，そういう場が必要」[6] と述べています。
>
> 　あなたの所属集団では，「なんか，～ちゃんの，あの行動が気になって仕方がない！」「え？　どうして？　わたしは，～ちゃんの行動理解できるけど……」というような話ができているだろうか？　子どもを理解する過程には，「わたしは，～のように育てられたから，このように感じるのだなぁ」とか，「わたしの生まれ育った環境は，～だったから，このような考えを持つようになったのだな」などと，自分の成育史などを振り返り，自己への理解を深めることが自然に起こるでしょう。
>
> 　そのような話を自由に言い合える集団であれば，その集団の中にいる人たちの自己理解を知り合いながら，さまざまな視点から子ども理解を深めることができそうですね。

キウィさん：　　一人の子どもと向き合っているのは，あなた自身ですから，あなたの子ども理解を話してくださいね。

どきどきちゃん：アルバイトのときには，担任の先生と同じ気持ちで子どもと向き合わないといけないと思っていたから，自分が感じる子どもへの思いは言わないでおこうと思っていました……どきどき。

キウィさん：　　もちろん，同僚の先生たちと反発し合うという意味ではありません。
　　　　　　　　それぞれの考え方，感じ方が一体となったり多面的に関わったりして，「全体として子どもに対する奥深い保育力」* や，総合的な子ども支援につながるといいですね。

---

* 田中孝彦は，「保育実践は，ひとりの子どもとひとりの保育者との出会いという性格を持っている。」「子ども論議を深めて，保育者集団が保育方針を一致させるということは，ある子どもに対して，すべての保育者が，同じ評価をし，同じまなざしを向け，同じ働きかけをすることではない。もし，そのようなことがあれば，それは，むしろ非人間的で，管理的な保育といわざるを得ない。」「子ども論議を深めるということは，一人ひとりの子どもへの共通理解とともに，一人ひとりの子どもについての，一人ひとりの保育者の個性的な理解とかかわり方を明確にし，それらが全体として子どもに対する奥深い保育力として統合されるように，保育者同士の協力関係を探っていくことである。」と述べている。田中孝彦『保育の思想』（ひとなる書房　1998　pp.104-105）

4. 本書で扱う「記録」に関する基本の考え方

キウィさん： 記録を書く基本が身につきましたね。
この記録は，まわりの人の考え方を聴き，子どもを多面的に見ることができたり，自分の考えが深まったり，子どもをみんなで育てていくという子ども理解のカンファレンスに有効なのです！

ところで，保育現場には，さまざまな記録（様式・考え方）があります。

> あなたは誰のために記録を書いていますか？

◆ワーク11　誰のために記録を書いている？＊

具体的な記録の形態	誰のため？
教育課程／保育課程／年間保育計画／期の計画／月間保育計画／	
週間保育計画／日案／設定保育案など	
園日誌／保育日誌／個人記録／実習記録など	
実践のエピソード／保育者の体調や思い等の記録／ブログなど	
園だより／クラスだより／連絡帳／保育エッセイなど	
幼稚園幼児指導要録／保育所児童保育要録／認定こども園こども要録など	
ラーニング・ストーリー／子どものアルバム／保育実践の物語など	

キウィさん： このワークブックの「記録」は，一番下の保育実践の物語や，子どもの学びの物語であるラーニング・ストーリーです。実習生・保育者・子どものまわりの人たちが実施する子ども理解のためのカンファレンスで有効な記録です。

> 本書で扱う記録の基本的な考え方・方法は，以下のとおりです。
> ①まず，主観を抜いた客観的事実を書く。
> ②あとで，保育カンファレンスの際に，主観を交えて対話する。

＊　筆者らがインタビュー調査を実施した保育者らは，「誰のために記録を書いているのか？」と自問自答したり，記録様式を模索したり，保育内容の見直しの必要性への気づきを得たりという歩みを続けていることが明らかになった。

どきどきちゃん：	ラーニング・ストーリーでは，自分の気持ちを書いてはいけないのかしら。ドキドキ……。
ラブリーママ：	みんなで子育てをしたい気持ちはあるけど，やっぱり秘密のノートのほうが，書きやすいかも。
イケイケくん：	感情をぶつけたいぜ〜!!
キウィさん：	子ども理解のカンファレンスの際には，自分のイメージや主観的感情だけではなく，まずは客観的事実を表現する力が必要です！ もちろん，そのことは保育者・実習生の主観を排除することでも，保育者の経験知を疑うことでもありません。 主観を交えて書く記録の書き方もあります。たとえば「エピソード記録」と「エピソード記述」*です。
ラブリーママ：	よかった〜。まず初めに自分の感じたことから書くと，みんなの視点がわたしの考え方（記録者の意見）に偏ってしまうということね。他の人の見方や考え方を知りたいから，やってみよう。
イケイケくん：	感情をぶつける場所は，後であるんだね!!
キウィさん：	記録の方法や様式はさまざまにあり，実習生・保育者はたくさんの記録を書いています。 その中でも，保育の実践をみんなで理解していくためにも，この記録を書いてみることはとても役立つと思います。その際に客観と主観を区分して，「今，わたしは，〜のために，この方法・様式で，この記録を書いている」と，記録の意味を理解しながら書くことができるようになるといいですね。実際に一緒にやってみましょうね！

---

*　鯨岡は，保育におけるエピソード記述は，「保育者が描きたいと思う」もので保育者の「主体的な営み」だと述べている。エピソード記述を描いた保育者は，「自分が一人の主体として保育に関わっているのだということがはっきり見えてきて」，「自らの保育実践を丸裸にする一面をもつ」と述べている。鯨岡峻『保育のためのエピソード記述入門』（ミネルヴァ書房　2007　p.1　pp.22-23）
　　また，鯨岡は「いま，保育，教育，看護，等々，人の生きるさまざまな現場で，関与観察やインタビュー，あるいは臨床面接など，多様なかたちの質的アプローチが試みられるようになり，またその必要が説かれるようになってきました。わけても，その現場に関与している人が（援助職として，ボランティアとして，あるいは研究者として），自らのそこでの体験を他の人に伝えようとするとき，それをエピソード記述のかたちで表現しようという動きが強まってきています」と述べている。鯨岡峻『エピソード記述入門　実践と質的研究のために』（東京大学出版社　2005　p.3）

▼引用文献

★1　宍戸良子『―保育入門―幼児理解を深めたいあなたへ』(桜の聖母短期大学　2012)に掲載している「幼児理解のためのロールプレイング」の内容を引用

★2　岸井慶子「特集　保育所の成長と専門性　保育現場から保育者の専門性を考える」『発達83』(ミネルヴァ書房　2000　pp.17-18)

★3　鯨岡峻『エピソード記述入門　実践と質的研究のために』(東京大学出版会　2005　p.84)

★4　龍尾和幸（青少年自立援助ホーム　セルフサポートセンタ東樹ホーム長）が講師を務める2014年度春期「東樹福祉講座（観察と記録）」配布資料より

★5　安藤節子「保育所養成における学生の成長」『発達83』(ミネルヴァ書房　2000　p.13)

★6　田中孝彦『教師の子ども理解と臨床教育学』(群青社　2006　pp.51-53)

ミッション 2

子ども理解を深める方法（ラーニング・ストーリー）を学ぶ

▶▶▶ イントロダクション②

イケイケくん： 保育実践を記録する意味がわかった。ミッション1はクリアー！
次のミッションは何だっけ？？

どきどきちゃん：えっとえっと……。次のミッションは，子ども理解を深める方法をリサーチすること。何だか難しそう……。

えっへんじいさん：子どものことは，チェックリストを使って「できる・できない」で評価するんじゃ。えっへん！
子どもの欠点を見つけて，はやく対処しないと，まずいことになりますからね。
最近は，気になる子しかいない困った惑星がどんどん誕生していて，悩みが増える一方ですな。
地球では，この忙しくて困った状況をどうされていますか。

キウィさん： わたしたちは，ラーニング・ストーリーという方法で，子どものことを理解しようと試みています。
このラーニング・ストーリーでは，子どもに信頼を置き，子どものどの姿にも必ず意味があると考えて，まずはじっくり見つめ記録をとるということを大切にしています。
そして，その記録をもとにカンファレンスをすると，子どもの姿の意味にどんどん気がついて，まわりの人たちとその子どものことを話すことが楽しくてたまらなくなるんです。

どきどきちゃん：でも……。寄り添うって，簡単じゃないと思う……。
困った子どもに出会ったら，どうしたらよいのかな……。
できるかな……。ドキドキ……。

キウィさん： では，実際に以前，わたしと保育者さんらで行った，**保育者にとって「気になる子」だったこうきくん（仮名・4歳児）に関する記録を用いたカンファレンス**を体験しながら，子どものことがぐんぐん見えてくるラーニング・ストーリーについて学んでいきましょう。記録を手がかりに，子どもの思い，保育者の思いについて，共同解釈を進めてみてください。

◆ワーク12　実際のカンファレンスを体験しよう

【保育者が記録をとってみたいと思った理由】
保育者のこうきくんに対するイメージ：

こうきくんの情報：

> こうきくん（4歳）
> ○興味がかたよっている
> ○無表情
> ○かんしゃくを起こす
> ○排便ができない
> ○母親は超心配性

キウィさん：　1つずつ記録を読み，考えたことを出し合いながら，カンファレンスしてみましょう。

■タイトル：

【5月下旬】こうきは，ボーリングゲームを行うために担任が床に目印のビニールテープを貼っている姿を見ていた。その後，ボールを投げる順番でもめている他児2人の傍らで，こうきはボールを脇に抱えたまま，床の目印に合わせてピンを並べ続けていた。保育者が，「3人で順番にボーリングをしたら？」と声をかけると，こうきは眉間にしわを寄せ，「フンッ」と言いながら怒る。後日，こうきは保育者が行っていたように床にビニールテープを貼り，ピンを置く場所を作っていた。絵を描くことが好きな他児らがピン（恐竜の絵）を作り，その目印に合わせて置いた。

▼保育者の思い・意図　　　　　▼こうきくんの思い

■タイトル：

【6月5日】他児らが，椅子を横に並べて座りながらお弁当ごっこ（お弁当箱におかずを詰めて，「はい，どうぞ」と他者に渡す遊び）をしている側で，こうきは同じ遊びをするのではなく，絵本を持ってきて，その子たちに向けて読み聞かせをするように絵本を開いて見せている。

▼保育者の思いを想像すると……　　　　　▼そのとき，こうきくんの思いは？

ミッション2　子ども理解を深める方法（ラーニング・ストーリー）を学ぶ

■タイトル：

【6月8日】　こうきは，初めは「やらない」と言っていたが，一斉の活動で"だるまさんが転んだ"を行った。自由遊びの時間には加わらず，"だるまさんが転んだ"をしているみんなの側で，そのルールの絵「線や○（鬼の位置）」「×（行ってはいけない場所）」を描いていた。
（こうきは，絵が得意な子どもではない。○がやっと描ける程度。）

■タイトル：

【6月11日】　担任と他児らが廊下で"だるまさんが転んだ"をしていると，保育室で一人，お弁当ごっこをしていたこうきは，廊下のほうを何度も見ながら，急いでかごにお弁当を詰め始める。詰め終わると廊下へ行き，みんなに向かって大きな声で「疲れたとき，お弁当食べにきてね！」と言う。担任がとっさに「ありがとう」と答えると，こうきはみんなの姿がよく見える場所に座り，"だるまさんが転んだ"を行うみんなの様子を笑顔で眺めている。

その後，みんなでこうきが持ってきたお弁当を食べた。

▼保育者の思い・意図　　　　　　　　▼こうきくんの思い

キウィさん：　4つの記録*を通して見えてくる，こうきくんという子どもの特徴をあげてみましょう。

▼こうきくんって，どんな子どもなのだろう？

＊　本エピソードは，宍戸良子ほか「第4章　子ども理解」『保育者養成シリーズ　教育原理』（一藝社　2012　pp.49ff.）で紹介した事例である。本ワーク用に文章表現を一部改編している。

1. 子どもをどのような存在としてみるのか

キウィさん： 32ページのワーク12のカンファレンスを体験し，あなたは，どのようなことを感じたり，考えたりしましたか？

あなた：

キウィさん： なるほど。
その気づきは，"子どもをどのような存在としてとらえるか"というあなたの「子ども観」を構築していく要素として，子ども理解につながっていくものかもしれません。
この「子ども観」は，子どもの"成長・発達をどのように考えるか"という「発達観」や，"保育をどのように行っていくか"という「保育観」にも結びついていくとても大切な概念になります。

自分の中にある「子ども」や「発達」に対する考え方を見つめてみましょう。

◆ワーク13 自分の子ども観・発達観を振り返ろう

●あなたは,「子ども」とはどのような存在であると考えますか?

●自分自身の成長・発達をどのようなときに感じますか?

●あなたは,人間の成長・発達とは,どのようなことだと思いますか?

キウィさん: 自分の中にある子ども観や発達観が見えてきますね。
ところで,OECDから出された「Starting Strong」という"人生の始まりこそ力強く"と訳される報告書[1]のことは,知ってますか?

イケイケくん: なになに? 知らない! 教えて!

キウィさん: その報告書には,「地球を見渡すと,2つの子ども観」が存在すると書かれているんです。
しかも,その2つの子ども観は,「結果志向」と「学び志向」というとても「対照的」な考え方だと紹介されています[2]。

ラブリーママ: 対照的って,反対ってことよね。子どものとらえ方って1つの考え方だけじゃなかったのね。

キウィさん: せっかくなので,それぞれの子ども観の特徴をまとめてみましょうか。

イケイケくん: よし,やってみる!

◆ワーク14　OECDの報告書「Starting Strong」で紹介されている2つの子ども観と保育にみられる特徴 *

結果志向	⟷	学び志向
	子どもとはどんな存在か	
	子どもに対するスタンスは	
	子ども期とは	
	成長をどのようにとらえるか	
	教育・保育の方法は	
	目標とする子どもの成長の姿とは	
	アセスメント（評価）の方法は	
	？	

キウィさん：　地球では今，多くの国が，子ども時代を「準備期」ではなく，「それ自体が重要な意味を持つ人生の最初の段階」とみる子ども観へと，ゆっくりと，しかし着実に転換しつつあるといわれています **。

ラブリーママ：　なるほど。じゃあ，これから学ぶラーニング・ストーリーは，子どもをとことん信頼して記録をとって理解していくっていうやり方だから，地球でも大注目の新しい子ども観に基づく子ども理解の方法なのね。

キウィさん：　そのとおりです。ちなみに，このラーニング・ストーリーは，ニュージーランドで開発された子ども理解のためのアセスメント（評価）方法なんですよ。

＊　OECD白書「2つのカリキュラムの伝統の特徴」『人生の始まりこそ力強く：乳幼児期の教育とケア（ECEC）の国際比較』（明石書店　2011　p.163）およびマーガレット・カー「第1章 アセスメントモデルの転換」『保育の場で子どもの学びをアセスメントする「学びの物語」アプローチの理論と実践』（ひとなる書房　2013　pp.17ff.）を参考に，筆者が平易な表現に改め作表した。

＊＊　コラム2参照。

▶コラム2
対照的な2つの子ども観

『学びの物語の保育実践』[*3]の中で、大宮は、「人生の始まりを力強く Starting Strong」[*4]と題する報告書（2001年）*を取り上げ、子どもを大切にする他国の政治がどのように実現されてきたかに関して、このOECD報告書は重要な指摘をしていると述べ、「世界を見渡すと『対照的な二つの子ども観』があるが、その国の政府がいずれの子ども観を基本にするかによって、保育政策のあり方が大きくちがってくる」と紹介している。

その1つめの子ども観は、「激しい競争の時代にあっては『早くから学習のための準備を幼児期にしておかなくてはならない』、だから『未来への準備、学校への準備』をさせるのが保育・幼児教育の何よりの目的だとする見方」であると紹介し、これを**準備期としての子ども観**と名付けている。就学準備型（early education）とも呼ばれるこの子ども観に基づく国では、子どもは、"形成されるべき幼い人"ととらえられており、望ましい標準的発達という概念が存在し、認知発達、読み書き能力や計算能力、技術の熟達に重点を置き、それらを一定の水準へ到達させることを目標としている。そして、その評価の方法には、習熟度をみるチェックリストが用いられている。その際、子どもの**欠点**やできないことがクローズアップされる傾向にある。

それに対して、もう1つの子ども観は、「子ども時代を『準備期』ではなく、『それ自体が重要な意味を持つ人生の最初の段階』と見る立場」である。ここでは、子どもは、"権利をもった主体""自分自身の学習の主人公""世界に関わりたいという願望をもつ有能な人"としてとらえられている。生活基盤型（social pedagogy）と呼ばれるこの子ども観に基づく国では、子どもに対するスタンスは**信頼**ベースであり、子ども一人ひとりの興味・関心を出発点とした探究や、家族・地域社会に密着した関係性の中での学びが重視されている。そして評価の方法には、その子を取り巻く状況の中での学びのプロセスが見えるドキュメンテーションやラーニング・ストーリーといった記録が用いられている。なお、この子ども観に基づく先駆けとなる保育実践が、「子どもたちの100の言葉」を大切にするイタリア・レッジョエミリア市の保育実践であり、本書で取り上げているニュージーランドの「テ・ファリキ（Te Whāriki）」と呼ばれるナショナルカリキュラムに基づく保育実践である。

大宮は続けて、OECD報告書は、「真に子どもを大切にする政府を創る原動力は、前者の『準備期としての子ども』観ではなく、**子どもを『一人の市民』としてとらえる子ども観、『今、ここにある生活そのものこそ大事』という保育観**にある」と述べていると紹介し、「実は、いま、欧米を中心とした世界の子ども観は、『準備のための子ども時代』観から『市民としての子ども』観へと、ゆっくりと、しかし着実に転換しつつある」と、世界の保育界の動向について触れている。

わたしたち（我が国において）も、子どもをどのような存在としてとらえ、どのような目的や目標を持って、幼児期の保育・教育を進めていくべきなのか、あらためてそれらを問い直すときにきているといえるのではないだろうか。

＊　OECDが世界各国の保育政策を分析した報告

イケイケくん： ねぇねぇ，でもさー，チェックリストで見ると，子どもの「できる・できない」がすぐわかって手っ取り早くていいじゃん？ オレの場合，いつも思いのままに行動して「×（バツ）」もらっちゃうこと多いけどね，えへへ。

キウィさん： そういえば，わたしがニュージーランドの保育施設を訪れたとき，そこに勤務する保育士さんが，イケイケくんの今の質問に対する答えになることを教えてくれたわ。
とても興味深いお話だったから，みんなにも聴いてほしいです。

■ニュージーランドのプレスクールに勤務し7年目になる保育士：桜さんの語り★5

　ニュージーランドでいうアセスメントは，"評価は，次の学びのための評価であって，今までやったものの評価ではない"んですよ。英語で言うと，**Assessment for Learning** です。"for" っていうのは，次のラーニングへ向けてのアセスメントを意味します。日本の小学校や中学校は，学んだことに対しての評価 **Assessment of Learning** なんです。だから，テストなんです。今まで勉強してきたことの何ができたか，なんですよね。（略）昔のニュージーランドの Kindergarten もチェックリストですよ。学んだことの評価だったので，「何歩歩けるようになった」「～を登れるようになった」というように，全部，年齢のステージに合わせたチェックリストでした。だけど，次のラーニングのためのアセスメント "Assessment for" になったら，やっぱり，チェックリストだけでは語れないものが多いんです。周りの環境によって，そこで何が起こっているのか。何が起こってこのラーニングが起こっているのか。たとえば，家での環境や周りのコミュニティの環境など，そういうものも全部含めて，子どものことをもっともっと知ったうえで，次の学びをとらえていくためには，チェックリストでは測りきれないものがあるわけです。

ラブリーママ： そっかあ，私たちは今まで，アセスメント（評価）っていうと，これまでやってきたことができているか，できていないかチェックするっていう方法ばかりだった。でも，このラーニング・ストーリーで子どものことを知ろうというのは，子どもの今，これからの学びがどのように進もうとしているのかを，わくわく追っていこうってことなのね。娘のリーちゃんがこれまでいろんなことができるようになることもうれしかったけど，リーちゃんの今やこれからに目を向けて，一緒にその学びや育ちを応援できたらうれしいな。

えっへんじいさん：「of」は「～の」という意味じゃが，「for」という単語には「～のための」という未来への方向性を示す意味がありますからな。

キウィさん：　　　そうなんです。だから，さっきイケイケくんは，「×（バツ）」をもらっちゃうことが多かったって言っていたけれど，ラーニング・ストーリーでみたら，その姿にはもっと前向きな意味が込められていると感じます。

イケイケくん：　　えへへ。そうだったら，やる気出るな。

どきどきちゃん：学んだことに対しての評価（Assessment of Learning）と，
　　　　　　　　次の学びに向けての評価（Assessment for Learning），
　　　　　　　　大事なことだね。メモしておこうっと。

◆ワーク15　評価ってなんだろう

●今までのあなたが受けた評価と今のあなたのことを，考えてみましょう。

2. ラーニング・ストーリーとは何か

(1) 育んでいきたい子どもの姿とは

キウィさん： 保育園や幼稚園などの保育施設には，子どもをどのような姿に育てたいかという保育目標があります。

イケイケくん： それって大事なの？

どきどきちゃん：実習記録に，実習先の保育目標を書いていたけれど，それと保育と結びつけて考えることはあまりできていなかったです……。

キウィさん： 「どんな子どもに育ってほしいか」を明らかにしておくことは，何を大切に保育するのか，どのような保育の方法や内容を採用するのか，環境はどのように整えることが効果的なのか，保育者としての言葉かけ１つ１つにまで関係してくる，とても大切なことなんです。

ラブリーママ： うんうん。それって確かに，保育するにも子育てするにも，大事なことだなって思う。
りーちゃんには，生きることに前向きで，幸せを感じながら日々を送ることができる人になってほしい♡

キウィさん： ラブリーママが想い描く，将来のりーちゃん像は，もしかしたらニュージーランドの幼児教育カリキュラムである『テ・ファリキ』が目指す子ども像や大切にしている価値観と，通ずるものがあるかもしれません＊。
そこでは，「断片的で文脈とは無関係な，学校に適応するためのスキルを身につけること」ではなく，「学びの構え（Learning Disposition）を育むこと」を目標にしているんです＊＊。

＊ ニュージーランドでは，「学びの成果（learning outcome）というものを，幸福，所属感，コミュニケーション，貢献，探究という５つの要素が織り合わさったものとしてとらえ」ている。（マーガレット・カー『保育の場で子どもの学びをアセスメントする「学びの物語」アプローチの理論と実践』 ひとなる書房　2013　p.9）
そして，保育のガイドラインである「テ・ファリキは子どもの生活から切り離されたスキルの獲得を強調する学習モデルではなく，子どもの経験と意味とが結びついて織りなす（一人ひとりの）複雑な図柄として学習をとらえるモデルに拠るべしと宣言してい」る。（大宮勇雄「特集　レッジョとテ・ファリキ『現代と保育69号』　ひとなる書房　2007　p.36）

＊＊ この学びの構えには，５つの領域「①関心を持つ（taking an interest）②熱中する（being involved）③困難ややったことがないことに立ち向かう（persisting with difficulty or uncertainty）④他者とコミュニケーションをはかる（communicating with others）⑤自ら責任を担う（taking responsibility）」がある。（マーガレット・カー前掲書　p.51）

ミッション2　子ども理解を深める方法（ラーニング・ストーリー）を学ぶ

イケイケくん：　学びの構え＊ってなに？

キウィさん：　たとえば，生きていく中で，どんな困難に出遭っても，自分に自信を持って，仲間とアイデアを出し合いながら，いろいろ試して突き進み，解決していこうとする。そして，助けを求めている人がいたら，その状況に応じて自分の役割を考えて力を発揮していこうとする，そんな姿勢のことです。

イケイケくん：　ちょっと難しくなってきたな〜。
でも，難しいからこそ，なんかおもしろいね！
この本を使って，間違いや失敗を恐れずどんどん勉強したら，オレなら完全マスターできちゃう気がする！

キウィさん：　イケイケくん，それが「学びの構え」です。

　＜学びの構え　その①＞
困難ややったことがないことに立ち向かってみたいという気持ち。学びにおいては，間違いを犯すリスクは当然であり，また間違うことには意味があるという考え。自分は困難ややったことがないことに取り組む人であるという自己像。★6

えっへんじいさん：実は，わしは，ラーニング・ストーリーに魅力を感じ始めていて，ちょっと元気のない地域のためにこれを使って，活気あふれる場をつくって，貢献していきたいと考えているのじゃ。

キウィさん：　えっへんじいさん，すてきですね。それも，「学びの構え」です。

　＜学びの構え　その②＞
責任を担うべき機会を認識したり，自ら設定したりすること。★7

＊　ラーニング・ストーリーの源流にある発達観・学習観は，バーバラ・ロゴフが提唱する発達（「学び」ともいえる）を「参加の変容（transformation of participation）」ととらえる考え方である。マーガレット・カーは，同意義として「生きる様式に関わるレパートリーを増すこと」という他研究者の表現を引用している。また，「学びの構え」とは，「学びの機会を認識し，選択し，編集し，責任のある応答をし，抵抗し，探し求め，構成していく中から見出される多様な参加のレパートリー」であると定義しており，「様々な形で進んでやろうとし，参加の機会をとらえ，参加することができること──つまり参加しようとする気持ちと参加の機会への感受性，そして適切なスキル及び知識の組み合わせ──」と説明している。また，「構えは，スキルや知識とは非常に異なったタイプの学びである。それは，心の習慣，すなわちある一定の方法で状況に対応しようとする傾向とみなすことができる」。「学びの構え」の同義的表現として，「進んでやろうとする気持ち，機会をとらえる力，することができる力」「意欲（inclination）」「機会への感受性と能力」「参加のレパートリー」「ハビタス」をあげている。（マーガレット・カー『保育の場で子どもの学びをアセスメントする「学びの物語」アプローチの理論と実践』ひとなる書房　2013　p.23，p.31，pp.48-49，pp.51-53）

どきどきちゃん：……わたしは，いつも緊張しちゃって，なかなか思ったように話せないことが多いけれど，ノートに書いたり，子どもたちの写真を撮ったりするのは好きだから，そういうのをみんなに見てもらって，いろんな意見を聴き合いながら子ども理解を深めていけたらいいのかなって思い始めてます。まだ，緊張するけど……。

キウィさん： どきどきちゃん，すばらしいです。それも，「学びの構え」です。

> ＜ 学びの構え　その③ ＞
> 1つあるいはそれ以上の「100の言葉」を用いて他者と進んでコミュニケーションをはかろうとする構え。考えや感情を進んで表現しようとする構え。コミュニケーションをはかる人としての自己像。 ★8

ラブリーママ：わたしは，りーちゃんの話をします。りーちゃんは，この頃，スプーンを持って自分で食べようとするんです。
ごはんが途中でこぼれて……。でも，何回もスプーンですくうことを繰り返しています。
りーちゃん頑張ってるなぁって，微笑ましくて見守ってます。

キウィさん： りーちゃんは，スプーンで食べることに夢中なんですね。

> ＜ 学びの構え　その④ ＞
> とぎれることなく一定の時間，あることに進んで熱中し，注意を払おうとする構え。自分は何かに熱中する人であるという自己像。 ★9

そのりーちゃんのチャレンジは，ラブリーママとの関わり合いの中で育まれている＊ものなんですよ。

> ＜ 学びの構え　その⑤ ＞
> 自分のまわりの環境は安全で信頼できるということを知っていること。 ★10

＊ 大宮勇雄「特集　レッジョとテ・ファリキ」『現代と保育69号』（ひとなる書房　2007　p.16）では，ニュージーランドの発達観についてレッジョ・エミリア実践を引き合いに紹介し，「子どもは大人や他の子どもたちとの結びつき・かかわり合いの中で生き発達する存在」という見方の立場をとり，「子どもの豊かな可能性は子ども一人では実現し得ないもの」であり，「自分より高い技能を持つ他者とかかわり合うことを通じて，文化が提供するさまざまな道具（目に見えるモノ的道具だけでなく，言語や思考こそ「文化的道具」という見方に立っている）の使い方を子どもは学ぶ」ため，「おとなが子どもの可能性をどう理解し，どういう関わり・援助を行うかは，その可能性の豊かな実現にとって決定的な意味を持」つと解説している。

ミッション2 子ども理解を深める方法（ラーニング・ストーリー）を学ぶ

キウィさん：　　　　「学びの構え」のイメージ，何となく掴めましたか？＊

イケイケくん：　　　他者との関係性っていうのがキーワードな気がした！
　　　　　　　　　　なんか人と触れ合う中で，いろいろ考えたり感じたりしながら行動していく過程で，いろんな力をつけて，どんどん新しい自分に出会っていくことを大切に考えてる感じ？

どきどきちゃん：……わたしは，「学びの構え」を育むことを保育目標にしているニュージーランドでは，知識や能力を得て何かができるようになること以上に，いろんなことを経験すること自体や学びたいっていう心持ちに価値を置いているのかなって感じました。
　　　　　　　　　　あと，一人ひとりの個々の学びを大切に考えてて，自分に自信を持つことを応援してくれるような気がして，なんだかほっとします。
　　　　　　　　　　こういうまなざしで自分のことを見てもらえたら，わたしも安心して自分らしく過ごしながら，学びを深めていけそうな気がしました。（……思っていること，初めて話せた。うれしい。どきどき。）

「学びの構え」の3つの次元＊＊

- ●進んでやろうとすること
- ●機会をとらえること（その場にある機会を見極めることやそうした機会をとらえる学び手の感受性）
- ●することができること（やろうとすることを支える知識と能力の蓄え）

＊　大宮勇雄「特集　レッジョとテ・ファリキ」『現代と保育69号』（ひとなる書房　2007　p.35）では，「テ・ファリキでは，保育の目標が「生活を貫く価値観」あるいは「生活の中での実感」として描かれている」と紹介されている。また，七木田敦ほか『「子育て先進国」ニュージーランドの保育　歴史と文化が紡ぐ家族支援と幼児教育』（福村出版　2015　p.117）では，「学びの構え」について，子どもの「個性や気質によって形成される道筋こそが子どもの「構え」(Disposition)であり，『学び』に至る一連の活動の流れの総体」のことであると解説している。

＊＊　この学びの構えには「3つの次元」があり，マーガレット・カー『保育の場で子どもの学びをアセスメントする「学びの物語」アプローチの理論と実践』（ひとなる書房　2013　p.53）には，「進んでやろうとすることは，自分を活動に参加する学び手として見ることであり，機会をとらえるとは，この場所が学びの場であるか（あるいはそうでないか）を認識することであり，することができるとは，進んでやろうとすることや機会をとらえることに役立つ能力や豊かな知識をもっているということである」とある。

(2) ラーニング・ストーリーとは

イケイケくん： ねえねえ？ ラーニング・ストーリーって，子どもたちの日々の様子を観察して，「学びの構え」，つまり，学びたがり屋の部分を見つけて記録する紙のことだよね？

キウィさん： ラーニング・ストーリーは，「子どもの評価理解」方式＊のことです。
その具体的なアプローチ方法＊＊は，イケイケくんの言うとおり，「子どもたちを信頼しそのやっていることに焦点を当て」★11た写真等を含む観察記録＊＊＊が子ども理解のための重要な手がかりになります。それを活用しながら，「観察したことを解釈し，それについて議論し合い，合意を形成していく」★12カンファレンスを行い，その子どもの中で進んでいる学びをとらえていくんです。

イケイケくん： なるほど！ ラーニング・ストーリーは，子ども理解のアセスメント（評価）方法だから，それに使う媒体（記録）も，ラーニング・ストーリーって呼ばれているんだね。

キウィさん： ラーニング・ストーリーの特徴がまとめられている本を紹介しますね。
ラーニング・ストーリーへのイメージを広げながら読んでみましょう。

＊ 大宮勇雄「特集 レッジョとテ・ファリキ」『現代と保育69号』（ひとなる書房 2007 p.27）によると，マーガレット・カーは，「特定の知識やスキルを確認・チェック」し，子どもの「できないこと」（望ましい発達のゴールに達していない点）に注目する「欠陥を基礎とした評価」に対し，ラーニング・ストーリーを，「日々の子どもの様子を観察」し，子どもの「有能さ」（やろうとする，熱中していること）に目を向け」た「信頼を基礎とした評価」と名づけたと紹介している。

＊＊ マーガレット・カー『保育の場で子どもの学びをアセスメントする「学びの物語」アプローチの理論と実践』（ひとなる書房 2013 pp.177-178）では，ラーニング・ストーリーを実践していくうえでは，「4つのプロセス」があると述べ，「学びをとらえること（Describing）」「話し合うこと（Discussing）」「記録づくり（Documenting）」「次にどうするか判断すること（Deciding）」をあげている。またこの4つのプロセスは，実践の場では順不同・同時進行で進むことが多く，「かなりの程度重なり合っている」と解説している。

＊＊＊ 鈴木佐喜子「保育が楽しくなる「評価」とは？―ラーニング・ストーリーによるアセスメントの展開」『現代と保育69号』（ひとなる書房 2007 p.76）では，「ラーニング・ストーリーは，写真と文章，子どもの作品などによる子どもの成長・学習，保育の記録」であり，「A4版にタイトル，記録者，年月が明示され，活動の写真を撮った写真や作品に文章が添えられたものが一般的」と紹介している。

七木田敦ほか『「子育て先進国」ニュージーランドの保育 歴史と文化が紡ぐ家族支援と幼児教育』[13] より

> ラーニング・ストーリーは，しばしば「学びの物語」や「学びの軌跡」として描出される。カー（Carr）は，この評価法は子どもを局所的にとらえるのではなく，子どもを一つの物語としてとらえることで全体的な観点から子どもの成長や発達をとらえる点に特性があると示している。背景に，従来の評価指標や発達段階というように予定調和的な観点に基づいた評価法からの脱却と共に，子どもの成長や発達を予測不可能なもの，つまり多様性に富み無限の可能性を秘めているものとしてとらえることで，観点の転換を目的としていることを強調している。
>
> この過程において焦点が当てられるのが子どもの「学び」であり，その際，評価の素材として用いられるのが子どもの「声」（Voice）を基にした物語である。このように，物語に焦点を当てた記録法が採用された背景には，物語には様々な文脈——具体的には大人や友だちとの関係性，進捗している活動や作業，他者からの解釈，興味や関心事，コミュニケーション，そして役割ごと——が含まれ，自発性に加え複雑性を兼ね備えた学びの方略をとらえるという点に活用の意義が見いだされたためである。

えっへんじいさん：なるほど。子どもは，生きている文化の中，一緒に過ごす人との関わりや遊びの中で，重要性を感じた物事を学んでいくということじゃな。りーちゃんも，この生活の中で感じたことを，言葉や行動で表現していくのじゃろうか？　楽しみじゃなー。

キウィさん：そうですね。みんなで一緒に子ども理解のラーニング・ストーリーを勉強していきましょう。

◆ワーク16　ラーニング・ストーリーへの理解を深めよう

●ラーニング・ストーリーに対する自己の理解をまとめてみましょう。

(3) ラーニング・ストーリーの子どもをとらえる5つの視点

キウィさん： ラーニング・ストーリーでは，子どもの姿をとらえる大切な視点があります。みなさんは，どのような視点だと思いますか？

イケイケくん： 子どもが何時に，何をやってるかって，時系列に把握することでしょ。

えっへんじいさん：いやいや，「〇〇ができる・できない」という視点じゃろ？

ラブリーママ： わたしは，我が子の姿をみて感動したことを日記に書いてたけど，そういう視点ですか？

どきどきちゃん：わたしは保育園でのアルバイトのとき，お友達との関わりのこととかを見ていました。

キウィさん： そうですね！
子どもをとらえる視点はいろいろありますよね。
ラーニング・ストーリーではどうかというと，子どもをとらえる5つの視点★14 というものがあります。
どのような視点なのか，具体的にみていきましょう。

＜ 子どもをとらえる5つの視点 ＞

1. 何かに関心をもったとき

「子どもがやりたそうに見ているとか，その言葉から強い関心がうかがえるとか，生活の中で関心がもてる何かを見つけたとき」の姿をとらえます。

2. （何かに）熱中しているとき

「一定時間集中を持続し，安心して何かに打ち込んでいるとき」の姿をとらえます。

3. 困難に立ち向かっているとき

「難しい課題を自分で設定し選び，行き詰まった際にもいろいろな方法を使って問題を解決しようとしているとき」の姿をとらえます。もちろん，課題的活動の中での行動でもいいのです。ただし，大人から見た難易度で推し量るのではなく，その子が難しいと思いながらもチャレンジしている，そういう場面に目をつけなくてはなりません。

4. 自分の考えや気持ちを表現する

「いろいろな方法で，たとえば言葉，ジェスチャー，音楽，造形，文字，数，図形，物語などを使って表現しようとしているとき」の姿をとらえます。

5. 自ら責任を担う（相手の立場に立つ）

「自分がいる場の公平さを守ろうとしているとき」「自分を振り返っているとき」「他の人の手助けをしているとき」「園での生活や保育に役立とうとしているとき」の姿をとらえます。

キウィさん： これらは，「学びの構え」を構成する5つの領域です。
　　　　　　この5つの視点で子どもの姿を記録*し，その子ならではのどのような学びが進んでいるのか，複数の人でカンファレンスしながら，共同解釈を進めていくんです。

イケイケくん： うーん，視点はわかったけど，何だかやってみないと，よくわからないな。

キウィさん： そうですね。
　　　　　　わたしも，いろいろ考えるより，まずは記録を書いてやってみたら，気づくことがいっぱいありました。
　　　　　　さっそくやっていきましょう。

---

* マーガレット・カー『保育の場で子どもの学びをアセスメントする「学びの物語」アプローチの理論と実践』（ひとなる書房 2013 p.161）によると，ラーニング・ストーリー（Learnign Stories）は，カー（Carr）らが提唱する子どもの成長を把握する枠組みである『学びの構えの5領域』（①関心を持つ，②熱中する，③困難ややったことがないことに立ち向かう，④他者とのコミュニケーションをはかる，⑤自ら責任を担う）に基づき，「目標とする学びの構えの5領域のうち1つ以上が一人ひとりの子どもたちの姿の中に現れた場面を生きいきととらえた『スナップ写真』あるいは臨場感のある記録」である。記録は，「日常場面で行われる観察」を通して行い，また，「継続的に積み重ねていけるようデザインされている」とある。

(4) 子ども理解の進め方の手順

キウィさん： では，日本の保育現場で実際に記録をとることを想定しながら，子ども理解の進めていく手順を説明します。

手　順	スタイル
① 観察してみたい子ども（1名）を決めましょう。 ・今日あなたが決めたその子ども（1名）に注目していきます。 ・記録をとりたいと思った理由を書きましょう。	☺ ひとりで やろう
② その子どもの情報（背景）を書きましょう。 ・箇条書きでOK！	☺ ひとりで やろう
③ その子が関心を持ち，熱中している姿をありのままに書きます。 ・その子の行動に意味を見出せても見出せなくても，その子が関心を持ち，熱中して「やっている姿」をとらえます（カメラを使っても可）。 ・第三者が読んでも，状況がわかるように書きます。 ・その子どもの発言そのものや，そのときの時間も重要な手がかりになります。 ＊この欄には，自分（記録者）の気持ちや考えは書きません。	☺ ひとりで やろう
④ ③の記録を手がかりに，その子の中で進んでいる学びや可能性を書き出します。 ・いくつでもOK！（写真をじっくり見て気づくことも書き出してみましょう） ・箇条書きでもOK！ ・その子は，どんな困難ややったことがないことに立ち向かっていますか？ ・その子は，どのように自分の考えや気持ちを表現していますか？ ・その子は，どのような責任のある行動をとっていますか？	☺ ⇔ ☺☺ ひとりで　　みんなで やろう　　やろう
⑤ ③④を手がかりに，その子は次に（明日）どのようなことをするか，その子の学びを保育者（保護者・地域社会）として，どのように支援できるかを考えていきます。 ・その子は，これからどんなことがやりたがるでしょう。 （明日，今やっていることをどのように発展させていくでしょうか） ・明日，どのように環境を整えてみるとよいでしょうか。 ・明日はどのような観点から，その子の姿を見てみたいですか。	☺ ⇔ ☺☺ ひとりで　　みんなで やろう　　やろう
⑥ タイトルを考えてみましょう。 ・カンファレンスの最後に，どんなタイトルがふさわしいか考えてみましょう。	☺ ⇔ ☺☺ ひとりで　　みんなで やろう　　やろう

(5) 記録様式について

キウィさん：　事実の記録を手がかりに，「短期間の振り返り」ができ，「次はどうする？」と考察を深めていける様式であれば，記録様式はどのような形でもかまいません。サンプルで以下の用紙を用意しました。

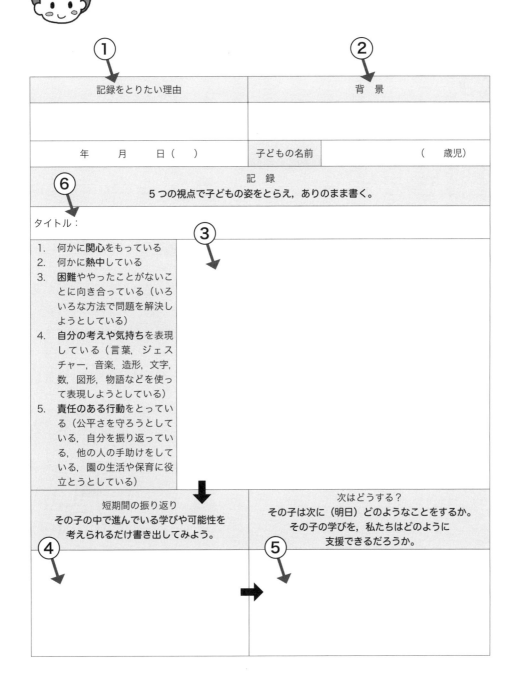

3. ラーニング・ストーリーに挑戦

(1) 全体の流れと実践者の気持ち
　　＜記録を書く・・・・・保育室にて＞

キウィさん：　　　さまざまなコーナーで，子どもたちがそれぞれ遊んでいますね。
　　　　　　　　　では，さっそく4歳児の子どもたちの姿を観察して書いてみましょうか。

どきどきちゃん：わたし，文章苦手だけど，大丈夫かな……。

キウィさん：　　　心配しなくて大丈夫です。メモ程度の3～4文の記録だって十分な手がかり
　　　　　　　　　になりますよ。

イケイケくん：　　そうなんだ，簡単そうじゃん。
　　　　　　　　　ねぇねぇ，ところであの保育室の一角にある光ってるテーブルは何？

キウィさん：　　　あれは，ライトテーブルといって，光を通して物の色や形を感じながら遊べる
　　　　　　　　　テーブルです。
　　　　　　　　　最近，そら君がよくあのライトテーブルのところで遊んでいるようです。

イケイケくん：　　よし，じゃあオレ，初めてのラーニング・ストーリーは，そら君に注目して書
　　　　　　　　　いてみるよ。
　　　　　　　　　いってきまーす！

 | 子どもの姿を
とらえるとき | → | 子どもがやらなかったことに着目するのではなく，子どもを信頼しその子がやっていることに焦点を当てる。

ミッション2 子ども理解を深める方法（ラーニング・ストーリー）を学ぶ

	ラーニング・ストーリーの手順	初めてラーニング・ストーリーを実践するイケイケくん
記録	①注目する子ども（1名）を決めましょう。	➡ ライトテーブルのところで何かやっている男の子「そら君（4歳児）」にしようっと。
	②5つの視点で観察します。 ポイント!! 5つの視点すべてを一度に持ちにくい場合は，まずは，その子が熱中して「やっている姿」に着目してみると記録をとりやすいですよ。	➡ 関心をもって，熱中している姿でしょ……。 おっ，まさに熱中してテーブルの上に，チップを並べている。何か言っている。メモメモ。 おっ今度は違う並べ方。（写真パシャリ） おっ，話しかけてきた！……はい。 そうだ，発言も，やりとりも，メモメモ。 ➡ もう書けた……びっくり。
対話	③記録をもとにみんなで語り合いましょう。 その子どもの中で進んでいる学びとは？ 「そうかも！」「こんなことも言えるかも！」と，どんどん意見を出していきましょう。 肯定的な見方につまったら……。 「今は，わからない……」でもOK！	➡ みんな，見てみて。こんな記録がとれたぜ。そら君に進んでいる学びは，……と言えるんじゃん？！ ・どきどきちゃん：こんなことも言えるかも……。 ・ラブリーママ：なるほど，そんな見方もできるね！ ➡ でも正直さ，そら君のことが100％わかったかというと，正直，ハーフハーフって感じだな……。
	④今日のところはここまで。 その子のファイルに綴りましょう。	➡ 自分が書いた記録を使って話し合うってなんだかうれしい。 ➡ そら君のことがますます気になってきた。
	⑤後日，もう少し継続観察してみましょう。 またみんなで，その子の育ちについて，語り合いましょう。	➡ おっ，今日もそら君は，ライトテーブルのとこにいる。友達もいる。何を話しているんだろう。ん？！　メモメモ。 ➡ みんな，今日もそら君に注目してみたぜ。こんな姿で，友達と……って話してたんだ。 ➡ お!!　もしかして!! そら君の中で進んでいる学びは……といえるのでは!? ほら，昨日の姿も見てみると間違いない。

51

(2)「あ，もう書けた！」 驚くほど，記録は簡単

イケイケくん： 書けたよ，そら君のラーニング・ストーリー！

2014 年 3 月 10 日（ 木 ）	子どもの名前	そら君 （ 4 歳児）

記　録
5つの視点で子どもの姿をとらえ，ありのまま書く。

タイトル： 見て見て！　変わる，生まれる，いろいろな色。

| 1. 何かに**関心**をもっている
2. 何かに**熱中**している
3. **困難**ややったことがないことに向き合っている（いろいろな方法で問題を解決しようとしている）
4. **自分の考えや気持ちを表現**している（言葉，ジェスチャー，音楽，造形，文字，数，図形，物語などを使って表現しようとしている）
5. **責任のある行動**をとっている（公平さを守ろうとしている，自分を振り返っている，他の人の手助けをしている，園の生活や保育に役立とうとしている） | ・そら君は，保育室の一角にあるライトテーブルの上に，ひとりで様々な色のチップを並べている。
・チップを高く積み上げた後に，バラバラにする。
・赤色と黄色のチップを少し重ね合わせ，のぞき込む。
・同じように，青色と黄色，緑色と青色，青色と青色……を重ね合わせ，見ている。
・チップが少しずつ重なり合う状態で，一列に並べ始める（右下の写真参照）。
・観察者が近づくと，そら君は，黄色と青色のチップの重なりを観察者に見せながら，「みどり！」と言う。
・観察者が「……本当だ！」と応答すると，そら君は，赤色と青色の重なりをつくり，「むらさき！」と言う。
・観察者が赤色と黄色のチップを重ね合わせ，「これは？」と尋ねると，そら君は「オレンジ!!」と言い，観察者と目を合わせほほえむ。
・そら君が3枚の緑色のチップを重ね合わせた際，観察者が重なり合った部分を指さし「これは何色？」と尋ねると，そら君は「みどり！」と言う。観察者が「本当に緑？」と尋ねると，そら君はもう一度チップの重なりをのぞき込み，うなずきながら「……みどり!!」と言う。
・その後も，黙々とチップを並べ続けている。  |

↓ 短期間の振り返り その子の中で進んでいる学びや可能性を 考えられるだけ書き出してみよう。	→ 次はどうする？ その子は次に（明日）どのようなことをするか。 その子の学びを，私たちはどのように 支援できるだろうか。
・異なる色が重なり合うと新しい色ができることを発見し，混色の魅力に気づいている。 ・様々な色の名前を知っている（深緑色という色は知らないようであったが，観察者の問いかけに，緑色のチップ1枚と2枚では，色の深みの違いに少し気づいたような間があった）。	・新しい混色を見つけようと明日もライトテーブルに向かうのではないか。並べ方の変化はあるのか。 ・言葉で表現できない色の存在に気づくのではないか。その困難にどう向き合っていくのかを見守る。 ・このライトテーブル上にはない色に興味をもち，色見つけを始めるのではないか。

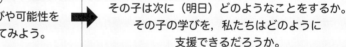

キウィさん：	事実の記録を書くことろが，誰が読んでもわかるように書けていてすばらしいですね。
イケイケくん：	ミッション１で，記録の書き方を勉強したから，らくしょーだぜ。
キウィさん：	では，このイケイケくんの記録を活用して，みんなでそら君の中で進んでいる学びの可能性について話し合って保育カンファレンスしてみましょう。
みんな：	はーい（ドキドキ。）
キウィさん：	みんなから出てきた意見は，いくつでも「短期間の振り返り」「次はどうする？」の欄に書きとめておくことがポイントです。

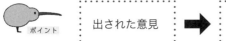

出された意見 → ささいなことに感じられても，対照的な意見であっても，書きとめておく。

(3) 記録をもとに保育カンファレンスを行うことが大切

2014年 3月 10日 (木)	子どもの名前	そら君 (4 歳児)

記 録
5つの視点で子どもの姿をとらえ，ありのまま書く。

タイトル： 見て見て！ 変わる，生まれる，いろいろな色。

1. 何かに**関心**をもっている 2. 何かに**熱中**している 3. **困難**ややったことがないことに向き合っている（いろいろな方法で問題を解決しようとしている） 4. **自分の考えや気持ちを表現**している（言葉，ジェスチャー，音楽，造形，文字，数，図形，物語などを使って表現しようとしている） 5. **責任のある行動**をとっている（公平さを守ろうとしている，自分を振り返っている，他の人の手助けをしている，園の生活や保育に役立とうとしている）	・そら君は，保育室の一角にあるライトテーブルの上に，ひとりで様々な色のチップを並べている。 ・チップを高く積み上げた後に，バラバラにする。 ・赤色と黄色のチップを少し重ね合わせ，のぞき込む。 ・同じように，青色と黄色，緑色と青色，青色と青色……を重ね合わせ，見ている。 ・チップが少しずつ重なり合う状態で，一列に並べ始める（右下の写真参照）。 ・観察者が近づくと，そら君は，黄色と青色のチップの重なりを観察者に見せながら，「みどり！」と言う。 ・観察者が「……本当だ！」と応答すると，そら君は，赤色と青色の重なりをつくり，「むらさき！」と言う。 ・観察者が赤色と黄色のチップを重ね合わせ，「これは？」と尋ねると，そら君は「オレンジ‼」と言い，観察者と目を合わせほほえむ。 ・そら君が3枚の緑色のチップを重ね合わせた際，観察者が重なり合った部分を指さし「これは何色？」と尋ねると，そら君は「みどり！」と言う。観察者が「本当に緑？」と尋ねると，そら君はもう一度チップの重なりをのぞき込み，うなずきながら「……みどり‼」と言う。 ・その後も，黙々とチップを並べ続けている。

↓ 短期間の振り返り その子の中で進んでいる学びや可能性を 考えられるだけ書き出してみよう。	→ 次はどうする？ その子は次に（明日）どのようなことをするか。 その子の学びを，私たちはどのように 支援できるだろうか。
・異なる色が重なり合うと新しい色ができることを発見し，混色の魅力に気づいている。 ・様々な色の名前を知っている（深緑色という色は知らないようであったが，観察者の問いかけに，緑色のチップ1枚と2枚では，色の深みの違いに少し気づいたような間があった）。 ・どきどきちゃん：「光を通した色の綺麗さに気づき，感動しているのかな……」 ・ラブリーママ：「気づきや感動を他者に伝え，共有したい気持ちやコミュニケーションの力が育っているのでは？」 ・あなたの見解： （　　　　　　　　　　　　　　　）	・新しい混色を見つけようと明日もライトテーブルに向かうのではないか。並べ方の変化はあるのか。 ・言葉で表現できない色の存在に気づくのではないか。その困難にどう向き合っていくのかを見守る。 ・このライトテーブル上にはない色に興味をもち，色見つけを始めるのではないか。 ・影絵，色水づくり，色おにどの活動への展開。 ・絵本『いろいきてる！』『あおくんときいろちゃん』『スイミー』『色名図鑑』などを設置。 ・そら君がどのように他者へ発見や感動を伝え，やりとりしていくのか継続的に見守る。

キウィさん： 記録をとったら，それを手がかりに話し合うことが何より大切です。

イケイケくん： よーし，やろう！ ところで，何を話し合うんだっけ？

キウィさん： その子の中で，進んでいる学びや可能性について，思いつく限り話し合ってみてください。
出された意見は，記録用紙の左下の欄にどんどん書き加えてＯＫです。

どきどきちゃん：間違った意見を出してしまわないか，不安……。

キウィさん： 大丈夫です。たくさん意見が出されることによって，子どもを多角的にとらえていくことができます。

多様な意見を聴き合うことによって，いろいろな可能性に気づいて，共同解釈を進めていくことができるので，躊躇せず，まずはどんどん意見を出し合うことが子ども理解を深めるポイントになります。

■話し合いのコツ１

何を話し合うのか　➡　その子の中で生起する学び・育ちは何か？

■話し合いのコツ２

どのように話し合うのか　➡　記録を手がかりに多様な解釈を躊躇せず出し合う。

キウィさん： 話し合いの進め方がわからない場合は，次の手順を参考にしてみてくださいね。

①記録をとりたいと思った理由（その子どもに関する情報など）を話す。
②事実の部分の記録をみんなで読む。
③記録を手がかりに，その子どもの言動にどのような意味があるのか／どのような学びや成長があるのかを考え，話し合う（左下欄に記入）。
④多様な解釈を手がかりに明日からの保育に関して見えてきたこと（心にとめておきたいこと，その子どもとの関わり方，具体的にやってみたいこと），保護者やその子どもに質問してみたいことを話し合う（右下欄に記入）。

（保育カンファレンスの終了後）

どきどきちゃん：そら君に会ったばかりなのに，明日の保育をどうしたらよいかも，記録を手がかりに話し合うとどんどん見えてきて，何だかびっくり……。
わたしでも，できちゃった。

ラブリーママ： なんか，明日のそら君の様子も早く見たくてたまらなくなるね。

(4) 記録をもとに子ども理解を深める

2015年 9 月 14 日 (月)	子どもの名前	たいち君 （ 4 歳児）

<table>
<tr><td colspan="2" align="center">記　録
5つの視点で子どもの姿をとらえ，ありのまま書く。</td></tr>
<tr><td colspan="2">タイトル：</td></tr>
<tr>
<td>
1. 何かに**関心**をもっている
2. 何かに**熱中**している
3. **困難**や**やったことがないこ**とに向き合っている（いろいろな方法で問題を解決しようとしている）
4. **自分の考えや気持ちを表現**している（言葉，ジェスチャー，音楽，造形，文字，数，図形，物語などを使って表現しようとしている）
5. **責任のある行動をとっている**（公平さを守ろうとしている，自分を振り返っている，他の人の手助けをしている，園の生活や保育に役立とうとしている）
</td>
<td>
≪一斉活動で"魚釣り"をしている。各自，画用紙にシルエットだけ描かれた魚やイカをはさみで切りぬき，それらにクレヨンで顔や模様を描いている。≫
・保育室にいたたいち君は，右手にイカの絵を持ち，保育室前のテラスで園長先生と話をしている観察者のもとへ駆け寄り，観察者へイカを差し出す。
・観察者が「わぁ，イカ作ったんだね。いいね」と言い，イカを見ながら「これはリボンかな？」と言うと，たいち君は体をくねらせながら首を縦に振る。
・観察者が描いたものを1つずつ指さし「これは？」と尋ねると，たいち君はイカをのぞき込む（言葉は発しない）。観察者に「これは目かな」「お口がにっこにこだね」と1つずつ尋ねられる度に，たいち君は笑顔でうなずく。
・観察者がイカの体の中央の黒色で塗りつぶされた箇所を指さし，「これは何？」と尋ねると，たいち君はその時だけその一点を見つめ，体の動きが止まる。
・観察者がイカの足の部分を指さし，「これは吸盤かな」と言うと，たいち君は，再び体をくねらせながら笑顔でうなずく。イカの裏面にも描かれており，同様のやりとりが一通り終わると，たいち君はイカを持って保育室に走っていく。

―その後，観察者が園長先生とテラスで立ち止りながら再び話し始めること，5分―
・たいち君は再び室内からイカを手に持って観察者の足元に近づき，「ママ……」と小さな声で言う。
・観察者が「……ママ？　……私はママじゃないよ？」と言うと，たいち君は先ほどよりも大きな声で「ママ」と言う。
・観察者がたいち君と目を合う高さに腰を下ろし，「ママ？」と尋ねると，たいち君は「……ママ。……あかちゃん。……2月にうまれる。」と途切れ途切れに言う。
・観察者が「たいち君のママ，赤ちゃんがいるの？　これ，赤ちゃん（を描いたの）？」とイカのおなかを指さすと，たいち君は体をくねらせ笑顔でうなずく。
・傍らにいた園長先生が，たいち君に「あら，お母さん，赤ちゃんいるの？まだお母さん何も言ってなかった。たいち君，お兄ちゃんになるのね。……びっくり。」と言うや否や，たいち君は保育室内に走っていく。
</td>
</tr>
<tr>
<td align="center">短期間の振り返り
その子の中で進んでいる学びや可能性を
考えられるだけ書き出してみよう。</td>
<td align="center">次はどうする？
その子は次に（明日）どのようなことをするか。
その子の学びを，私たちはどのように
支援できるだろうか。</td>
</tr>
<tr><td></td><td></td></tr>
</table>

ミッション2　子ども理解を深める方法（ラーニング・ストーリー）を学ぶ

キウィさん：　　　前のページのたいち君（4歳児）の事例は，わたしがある幼稚園に伺ったときのエピソードなんです。この記録を手がかりに，たいち君の思いやたいち君の中で進んでいる学び，今後の予想される姿や，まわりの大人たちが支援できることは何かをみんなで一緒に考えてみませんか。

イケイケくん：　　　いいね，おもしろそう。「赤ちゃん（を描いたの）？」って尋ねられてうなずいたって書いてあるから，イカがママってこと？　なんでイカにママや赤ちゃんを描いたんだろう……？

キウィさん：　　　記録を読んで思ったことや考えたことがあったら，どんどん出し合って，その視点をもって記録に立ち返りながら，記録から言えることを，箇条書きであげてみましょう。断定できないことは，"〇〇かもしれない？"というような予測として書いてもOKですよ。

ラブリーママ：　　　「2月に生まれる」ってことは，ママは今，妊娠5か月ね。うれしい気持ち，わたしも思い出すなあ。たいち君とママは，おうちでどんな会話をしたんだろう♡

どきどきちゃん：わたしは，たいち君が5分後にまた観察者のもとに来て話したところが，深い思いがある気がします……。

キウィさん：　　　うんうん。その調子，その調子。
　　　　　　　　　では，5つの視点から，たいち君の姿を見てみましょう。
　　　　　　　　　たいち君は，どんなことに関心があり，熱中しているといえますか？　どんな困難に立ち向かっていますか？　どんなふうに考えや気持ちを表現していますか？　どんな責任ある行動をとっていると言えるでしょう。
　　　　　　　　　（空欄箇所があってもかまいません。空欄箇所の視点が，次に観察する際の視点のヒントになる場合もあります。）

◆ワーク17　記録を手がかりに，子ども理解を深めよう

①関心	
②熱中	
③困難	
④考えや気持ち	
⑤責任のある行動	

　　　　　　　　　そして，たいち君本人も見ることを想定しながら，この記録にタイトルをつけてみましょう。

▶コラム3

ニュージーランドのアセスメントの実際★15

● 2週間ごとに，記録分担表に従い，各保育者は記録対象児を観察（乳児担当保育者が幼児クラスの子どもの観察を行うこともある）し，その子どもが何に興味を持ち，どのようなことをしているかとらえる（①）。その観察記録をもとに，今生起しているその子の学び（育ち）と次の学びの段階，それを支えるための手立てについて話し合い（②），10週かけてその過程をとらえていく（③）というサイクルで，子ども理解のアセスメントを行っている。

誰でも閲覧できるラーニング・ストーリー

● 保育者一人につき12冊（子ども12人分）のラーニング・ストーリー（記録）を担当している。
● 1週間に5時間，子どもとは接せず記録作成に費やすことができる時間を設けている。
● すべての子どもの「今，生起している学び（育ち）」と共に，特に「次はどうする」をとらえていくための対話を重視している。
● 子ども一人ひとり個別に綴られたラーニング・ストーリーは，保育室の一角に置かれ，保育者も，保護者も，子どもも，いつでも自由に手にとり，今進んでいるその子どもの学びをとらえていくことを可能にしている。

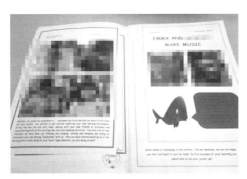

ある子どものラーニング・ストーリー

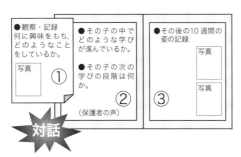

上記のラーニング・ストーリーの記載内容

このように本施設では，子ども一人ひとりの学びの過程で何度も記録をとり，子どもの声，保護者の声，保育者の声（保育の方向性）を共有する対話を繰り返しながら，子どもの育ちを支援している。

それは，子ども理解のみならず，保育者（同僚）・保護者間の相互理解を育むことに寄与し，アイデンティティを尊重しながら，すべての人が自己肯定感をもつことができる状況を導いている。

ミッション2 子ども理解を深める方法（ラーニング・ストーリー）を学ぶ

(5) あなたもラーニング・ストーリーに挑戦してみましょう

キウィさん： あなたは，どの子どもの様子を観察してみたいですか。
長時間記録する必要はありません。
5つの視点でのいずれかの姿を見つけて，記録しましょう！

1．何かに関心をもったとき

2．（何かに）熱中しているとき

3．困難に立ち向かっているとき

4．自分の考えや気持ちを表現する

5．自ら責任を担う（相手の立場に立つ）

ミッション 2　子ども理解を深める方法（ラーニング・ストーリー）を学ぶ

記録者氏名 ....

記録をとりたい理由	背　景

年　　月　　日（　）	子どもの名前　　　　　　　　　（　歳児）

記　録
5つの視点で子どもの姿をとらえ，ありのまま書く。

タイトル：

1. **何かに関心をもっている**
2. **何かに熱中している**
3. **困難**ややったことがないことに向き合っている（いろいろな方法で問題を解決しようとしている）
4. **自分の考えや気持ちを表現**している（言葉，ジェスチャー，音楽，造形，文字，数，図形，物語などを使って表現しようとしている）
5. **責任のある行動**をとっている（公平さを守ろうとしている，自分を振り返っている，他の人の手助けをしている，園の生活や保育に役立とうとしている）

短期間の振り返り その子の中で進んでいる学びや可能性を考えられるだけ書き出してみよう。	次はどうする？ その子は次に（明日）どのようなことをするか。その子の学びを，私たちはどのように支援できるだろうか。

記録者氏名 ....

記録をとりたい理由	背　景

年　　月　　日（　）	子どもの名前　　　　　　　　（　　歳児）

記　録
5つの視点で子どもの姿をとらえ，ありのまま書く。

タイトル：

1. 何かに**関心**をもっている
2. 何かに**熱中**している
3. **困難**ややったことがないことに向き合っている（いろいろな方法で問題を解決しようとしている）
4. **自分の考えや気持ち**を表現している（言葉，ジェスチャー，音楽，造形，文字，数，図形，物語などを使って表現しようとしている）
5. **責任のある行動**をとっている（公平さを守ろうとしている，自分を振り返っている，他の人の手助けをしている，園の生活や保育に役立とうとしている）

☺ ひとりでやろう

短期間の振り返り その子の中で進んでいる学びや可能性を考えられるだけ書き出してみよう。	次はどうする？ その子は次に（明日）どのようなことをするか。その子の学びを，私たちはどのように支援できるだろうか。
☺ひとりでやろう ↔ ☺☺☺みんなでやろう	☺ひとりでやろう ↔ ☺☺☺みんなでやろう

ミッション2　子ども理解を深める方法（ラーニング・ストーリー）を学ぶ

記録者氏名　..

記録をとりたい理由	背　景

年　　月　　日（　）	子どもの名前　　　　　　　　（　　歳児）

記　録
5つの視点で子どもの姿をとらえ，ありのまま書く。

タイトル：

1. 何かに**関心**をもっている
2. 何かに**熱中**している
3. **困難**ややったことがないことに向き合っている（いろいろな方法で問題を解決しようとしている）
4. **自分の考えや気持ち**を表現している（言葉，ジェスチャー，音楽，造形，文字，数，図形，物語などを使って表現しようとしている）
5. **責任のある行動**をとっている（公平さを守ろうとしている，自分を振り返っている，他の人の手助けをしている，園の生活や保育に役立とうとしている）

☺ ひとりでやろう

短期間の振り返り その子の中で進んでいる学びや可能性を考えられるだけ書き出してみよう。	次はどうする？ その子は次に（明日）どのようなことをするか。その子の学びを，私たちはどのように支援できるだろうか。

ひとりでやろう ↔ みんなでやろう　　　　ひとりでやろう ↔ みんなでやろう

記録者氏名 ....

記録をとりたい理由	背　景
年　　月　　日（　）	子どもの名前　　　　　　　　（　　歳児）

記　録
5つの視点で子どもの姿をとらえ，ありのまま書く。

タイトル：

1. 何かに**関心**をもっている
2. 何かに**熱中**している
3. **困難**やったことがないことに向き合っている（いろいろな方法で問題を解決しようとしている）
4. **自分の考えや気持ち**を表現している（言葉，ジェスチャー，音楽，造形，文字，数，図形，物語などを使って表現しようとしている）
5. **責任のある行動**をとっている（公平さを守ろうとしている，自分を振り返っている，他の人の手助けをしている，園の生活や保育に役立とうとしている）

☺ ひとりでやろう

短期間の振り返り その子の中で進んでいる学びや可能性を 考えられるだけ書き出してみよう。	次はどうする？ その子は次に（明日）どのようなことをするか。 その子の学びを，私たちはどのように 支援できるだろうか。
☺ひとりでやろう ↔ ☺☺☺みんなでやろう	☺ひとりでやろう ↔ ☺☺☺みんなでやろう

キリトリ

▶コラム4

評価は重くて難しいもの？

「ラーニング・ストーリーは、子ども理解のアセスメント方法です。アセスメントは日本語に訳すと『評価』です」と学生や保育者のみなさんに説明すると、「……？ 評価とは……？」とみなさんの顔に「？マーク」が浮かびます。

「評価とは何か？」ということは、ミッション2「1.子どもをどのような存在としてみるのか」のページで考えましたね。今、あなたの「評価」についての考え方は、どのようになっていますか？ 養成校における実習や、発達についての学習分野やみなさんの興味など（たとえば、認知発達論、心理社会学、ソーシャルワーク、障害者理解などの学習分野や、スポーツなどの勝負の経験など）も、あなたの「評価」についての意識に影響を与えているかもしれません。

筆者（三好）が保育者として働き始めたのは、1989（平成元）年ごろです。そのころ、先輩から、子どもの「評価」については、「よい点と、改善点を両面書く」と習いました。そして、自己の保育「評価」についても、「ねらいにそってできた点と、改善点を両面書く」と習いました。どちらも、過去を振り返り、次への課題を明らかにするというものです。特に自己の保育「評価」は、圧倒的に過去についての反省点を明らかにし、自己を改善することを重視していました。（できなかった自分を深く反省し、そんなにすぐに変われない自分に落ち込むことばかりでとても難しいと感じていました。）

また、過去の未熟さを自己批判して、厳しく反省することが保育者として「美しく」、そうしなければ、「振り返りのできない先生」と同僚などから思われるのではないか、という重い空気感が職場にはありました。その後、保育所の「第三者評価ガイドライン」などの規定（2005年）などもあり、「評価」のとらえ方に幅広さが加わりましたが、いまだに保育現場の「評価」についての意識の裏には、若い保育者や学生は、自己の成果を自分で認めず、あくまで「褒めていただくのは、他者からである」という年功序列の思想や、その影響を受けて自然と身についた日本人としての美徳（できなかったことを引っ張り出してでも、自己批判をしてへりくだる）があるのかもしれません。謙虚な自己評価と、他者への気配りが、職場でうまく協調する技術だと体得している日本の保育者が多いと感じています。

ラーニング・ストーリーのアセスメントは、「子どもの育ちや心への解釈の理解に基づいた次の支援を考える営み」です。日本の学校教育での成績や、ソーシャルワークで適切な援助の計画を立て、その通りに実施できたかを把握するなどの「評定＝一定基準に合っているか判断する」こととは、違います。

しかし、わたしを含めて保育者たちの学校教育での常に一定基準の目標に対して「評定」されてきた経験から、「評定」によって、自分が「評価」されていると感じている人が多いのではないでしょうか。そのため、「保育者が行う子ども理解の評価」も、「保育者の自己の保育評価」も、「基準（保育者が設定した保育のねらい）に沿って、子どもの姿や自己を判断する＝評定」という理解になりがちです。そのような私たちに根付いている考え方から、ラーニング・ストーリーの子どもの学びを総合的な文脈、ストーリーでとらえ

て「評価」するという説明に対して，「記録から，評価するとはどういうことなのか？」「保護者に対して目に見えないものからの評価はわかりにくいのではないか」というような疑問がわいてくるのだと考えます。

幼稚園教育要領・保育所保育指針・認定こども園教育・保育要領の改訂*にあるように，わたしたちは，今までの「美しく謙虚な美意識の裏づけから作られた重く難しい自己評価の文化」や，「評定されてきた経験からの評価理解」から抜け出す時期にきています。

自己の子ども観・発達観・保育観・障害観などを，見直したり，長い期間をかけて変化したりするために，ラーニング・ストーリーを用いた他者との対話が必須で有効であることを，一緒に学んできた保育者・学生・保護者たちは，感じ取っています。

一緒に，子ども理解に基づいた未来への「評価」への理解を進めましょう。

---

* 平成29年に改定・告知された幼稚園教育要領（第4章4），認定こども園教育・保育要領（第2章2）には，「幼児（園児）理解に基づいた評価の実施」について，「指導の過程を振り返りながら幼児（園児）の理解を深め，幼児（園児）一人ひとりのよさや可能性などを把握し，指導の改善に生かすようにすること。その際，他の幼児（園児）との比較や，一定の基準に対する達成度についての評定によって捉えるものではないということに留意すること」（括弧内は，認定こども園教育・保育要領）とある。保育所保育指針（第1章3）には，「保育士等の自己評価に当たっては，子どもの活動内容やその結果だけでなく，子どもの心の育ちや意欲，取り組む過程などにも十分配慮するよう留意すること」とある。

▼引用文献

★1　OECD『人生の始まりこそ力強く:乳幼児期の教育とケア（Starting Strong：Early Childhood Education and Care)』(2001)

★2　大宮勇雄「特集　レッジョとテ・ファリキ　レッジョ・エミリアやニュージーランドの保育者には「子ども」がどのように見えているのだろうか」『現代と保育69号』(ひとなる書房　2007　pp.6ff.)

★3　大宮勇雄『学びの物語の保育実践』(ひとなる書房　2010　pp.18-20)

★4　OECD『OECD保育白書人生の始まりこそ力強く：乳幼児期の教育とケア（ECEC）の国際比較』(明石書店　2011　p.163)

★5　三好伸子・宍戸良子（2018）「ラーニング・ストーリー実践保育者の語り―ニュージーランドにおける子ども理解と自己理解を深める保育の営み―」『甲南女子大学研究紀要第54号　人間科学編』(pp.87-98)

★6　マーガレット・カー『保育の場で子どもの学びをアセスメントする「学びの物語」アプローチの理論と実践』(ひとなる書房　2013　p.82)

★7　同上書（p.83）

★8　同上書（p.82）

★9　同上書（p.82）

★10　同上書（p.83）

★11　同上書（p.178）

★12　同上書（p.36）

★13　七木田敦ほか『「子育て先進国」ニュージーランドの保育　歴史と文化が紡ぐ家族支援と幼児教育』(福村出版　2015　p.93)

★14　大宮勇雄『学びの物語の保育実践』(ひとなる書房　2010　pp.48-49)

★15　宍戸良子・三好伸子（2016）「ラーニング・ストーリーを用いた子ども理解（3）―相互理解を育むニュージーランドの保育現場からの学び―」日本保育学会第69回大会

ミッション 3

子ども理解のための さまざまな実践をリサーチする

▶▶▶ イントロダクション③

キウィさん： ここでは，ラーニング・ストーリー発祥の地，ニュージーランドでの実践を紹介したいと思います。2015年8月に，ニュージーランド南島の都市のクライストチャーチを訪れてきました。

猛暑の日本の夏から一変，ニュージーランドは雪がちらつく真冬でした。

震災から4年が経った街は，デザイン性の高い新しい建物と廃墟となったままのビルが混在していて，空に高く伸びたクレーン車が平日になると大きな音を立てて動き出していました。

クライストチャーチ中心街の様子

 プレスクール（Bishopdale Community Preschool）も震災の影響を受け，新しい園舎を建設中でした。そして，中学校の教室の一角を幼児クラスの保育室，プレハブを乳児クラスの保育室として，プレスクールを運営されていました。右下の写真は，幼児クラスの建物側から眺めた風景で，乳児クラスの建物と園庭です。

改築中のプレスクール

朝，保育者が園庭の環境構成をしていました。

保育室の様子

園庭の様子

午前中は，子どもたちが各自思い思いの遊びをする時間と，コーナーで保育者と遊ぶ時間や一斉の活動をする時間がありました。

昼食の時間には，それぞれ家庭から持参したランチボックスに入れた軽食を食べていました。
ジッパー付きのカバンのような入れ物に，パンやヨーグルト，リンゴなどがコロッとそのまま入っているものが多かったです。

ランチタイムの様子

保育室内の掲示物

壁面には，子どもたちのラーニング・ストーリーが掲示されていました。
また，一人ひとりファイリングされたラーニング・ストーリーを，保育中の保育室の一角のテーブルで，ゆっくり見ることができました。

1. 保育現場での実践
(1) 子ども自身の自己評価に着目した取り組み（ラーニング・パワーヒーロー）

キウィさん： 保育現場を見学させていただいたとき，とても新鮮な実践がありました。

イケイケくん： なになに？

キウィさん： 子どもが自分の成長過程を自己評価していくことに価値を置いて，保育をされていたの。

「ラーニング・パワーヒーロー」の掲示

「ラーニング・パワーヒーロー（Learning Power Heroes）」*といって。
子どもにとって馴染み深いミツバチやカメなど4つのキャラクターを，それぞれ「Resourcefulness（必要なものを自分で工夫して探すこと）」「Reflectiveness（思慮深さ）」などの象徴として掲げて，子ども自身がそのヒーローを意識しながら，自己の中で育まれている「学びの構え」に対する自信を持ち，学びを次の段階につなげ，深めていく姿勢を積極的に支援していたの。

---

* ガイ・クラクストン（Guy Claxton）氏が提案したものである。学びの構えを育むための4つのキーワードとして「Resilience」「Reflectiveness」「Resourcefulness」「Reciprocity/social relationships」をあげ，それぞれを象徴するヒーローを提示している。

イケイケくん： こんな人になりたい！　っていう憧れの像があると，オレもそうなりたくて頑張っちゃうタイプだな。

キウィさん： 保育者は，子どもに「学びの構え」の基礎となるすてきな姿が見られたとき，積極的に「パワーヒーローのように～だね」とその子どもを認める言葉かけをしていました。
そうそう，わたしのペットによく似ているくちばしの長い鳥もヒーローの１つになっていたのよ。

ラブリーママ： わたし，今まで，リーちゃん自身が自分に自信が持てるような言葉かけって意識したことがなかった。
自己肯定感がそういうところから生まれてくるとしたら，とても大切なことね。

◆ワーク18　わたしのヒーロー

●あなたは，子どもの頃，目指していたヒーローはいますか？　どんなところに惹かれていましたか？

●今のあなたのヒーローは？　また，それはなぜですか？

えっへんじいさん：えっへん。それでは，わしの体内現地語翻訳機で，ラーニング・パワーヒーローたちの言葉＊を訳してみるわい。
76ページを見ていただこうかの。

＊　ガイ・クラクストン氏のLearning Power Heroesをもとに，プレスクールの保育者らが子どもに育みたい力について話し合い作成したラーニング・パワーヒーローである。訳については，筆者が親しみやすい表現に改めた。

― MEMO ―

(2) 子どもの声を聴くという信頼のかたち

キウィさん： みなさん，旅行は好きですか？　訪れてみたい国はありますか？
わたしはこの間，スウェーデンの就学前教育について研究されている先生のご講演を伺って以来，スウェーデンに行ってみたくて仕方ないんです。

イケイケくん： どんなところに惹かれたの？

キウィさん： ご講演の中で，スウェーデンの保育の実際について伺った4つの事例がとても印象に残ったんです。
どんな実践＊かというとね……。

●クラスの名前は，子どもたちが決める

クラスの名前は，子どもたち自身が決めるという実践がなされている。18名の子どもたちから候補にあがったクラスの名前は，「おやつ，花，電車，トラ，太陽，月」。子どもたち全員で投票を行い，得票数が多かった「おやつ（Goodies）グーティーズ」に決定した。

●今週のおやつ組

おやつ組では，毎週くじ引きで子どもを一人選定し，その子どもの写真を手作りの額に入れ掲示している。そしてその子どもの長所について述べている他児の写真とその言葉を一緒に飾っている。

例）今週のおやつ組はディエゴくん（顔写真）
　●他児A（顔写真）：「ディエゴくんは，アイロンビーズをやるのがじょうず」
　●他児B（顔写真）：「ディエゴくんは，サッカーがうまい」
　●他児C（顔写真）：「（自分が）泣いていたとき，だいじょうぶ？　って言ってくれた」

●わたしの日

1期に1回（1年が2期に分かれている），クラスに所属する子ども一人ひとりが主役になれる「わたしの日」がある。その日は，その子がクラス全員でしたいことを提案できる。保育者が，事前に「あなたの日に何がしたい？」と尋ね，実施することを決めていく。実際に，クラス全員で提案された内容に取り組む。

例）みんなで歌い踊りたい，北方民族博物館へ出かけたいなど。

＊　筆者（宍戸）が受講した講演会「世界の乳幼児教育セミナー【Sweden】」（インターナショナル幼児教育協会主催　2015）において講師の水野恵子氏から伺ったスウェーデンの保育事情についての講話に基づき，筆者が作成した。

●保育室の一角に設けた小屋

毎月1回継続的に、保育室の一角に設けた小屋の中に一人ずつ子どもが入り、子どもの話を聴く機会を設けている。保育者は、そこで子どもが話した言葉を記録し、壁に飾っている。

例）テッドくんが話した内容
「よまない」「おばあちゃん」「ぼく、リンゴをとった」「おじいちゃん・ぼくでんしゃでトーマスにあった」「くるま」
「ポーランド島にいった」「ポーランド島でくるまがはやくはしる」「おとうさんがうんてんする」……
「バイバーイ、リーナ」「2・3・4・5」「にわのそと？」「これでおしまい」

ラブリーママ：　ユニークな実践がいっぱいね。リーちゃんだったら、なんて言うのかしら♡

キウィさん：　これらの保育実践は、それぞれ何を大切にしている実践だと思いますか？

◆ワーク19　保育実践から学ぶこと

保育実践	何を大切にした実践なのだろう？
●クラスの名前は、子どもたちが決める	
●今週のおやつ組	
●わたしの日	
●保育室の一角に設けた小屋	

キウィさん： わたしは、「子どもの尊い声をよく聴く」ということの重要性を感じています。これまでは、子どもと関わるとき、すぐに声をかけて問題提起をしたり、何か起きると解決に導こうとしたりしていて、それが保育者（大人）の役割だと思っていました。

そして、子どもにこんな力を育ませることができた〜なんて、達成感を感じたりしてね。

でも、ラーニング・ストーリーに出会って以来、子どもの声をできる限り聴こうとするようになって、ぐっと自分の言葉かけを飲み込むようになって……。そうしたら、その後の展開に、自分では予想もしなかった子どもの姿が見られることが多くなったんです。驚くような子どもの力を、たくさん知りました。

そして、今までわたしが良かれと思っていた援助や言葉かけは、本当の意味の援助や子どもが求めていた言葉かけだったのだろうかと疑問に思うようになりました。

今は子どもたちと接するとき、いちばんベースにあることは信頼です。

その子どもが感じていること、考えること、やろうとしていること、すべてを信頼して任せる。そういった中で進んでいく一人ひとりのその子だけのストーリー（物語）から、ワクワクして目が離せないんです。

イケイケくん： さっきの4つの実践も、一貫しているのは、「子どもの声を聴く」ってことだね。だから、キウィさんは惹かれたんじゃない？

キウィさん： そうですね！ イケイケくんとお話していたら、自分のことが見えてきました。わたしのお話を聴いてくれて、どうもありがとう。

◆ワーク20 「信頼」に対する自己の理解を深めよう

●あなたは「信頼する」とはどういうことだと思いますか。
　イメージやキーワードなどを書いてみましょう。

▶コラム5

学びの過程の可視化：その他の方法
―ドキュメンテーション―

■ローリス・マラグッツィ国際センター：1つのテーマにつき、100以上のドキュメンテーションが収蔵されており、誰でも閲覧することができる。

イタリアのレッジョ・エミリア市における保育実践では、ニュージーランド同様に、子どもを「可能性に満ち溢れた有能な学び手」としてとらえている。大人たちは、対等性と応答性を重んじながら、子どもの興味・関心を出発点として「ある特定のトピックについて掘り下げて研究する」[1] プロジェクト活動を支援する。このプロジェクト活動は、我が国が新学習指導要領で重視する「主体的・対話的で深い学び」の羅針盤ともいえよう。

この実践を支えるものとして、レッジョ・エミリアでは、ドキュメンテーションを活用している。ドキュメンテーションとは、「保育者によって、子どもの言葉・活動の過程・作品などが写真・テープ・ノートなど多様な手段で記録・整理・集約されたもの」[2] を指す。プロジェクト活動を進めるうえで、「文化的、解釈的な基盤であり、理論的、実践的なツール」[3] と評されるドキュメンテーションは、スウェーデンやその他の国々にも広がり、積極的に活用されている。

ドキュメンテーションを通して、活動における子どもの学びの過程をとらえることができ、子どもも保育者もいつでもドキュメンテーションを手がかりに「繰り返し立ち戻って内省」[4] し、対話を重ねながら、活動を進行していくことができる。このように、ドキュメンテーションには、「対話と共有を生み出し、それらをつなぎ、省察、発展させる機能」[5] があり、学びを支え、自己評価を促すとともに、取り組んでいる活動の価値を意味づける媒体として重要な役割を担っている。

レッジョ・エミリアの保育実践の創始者であるローリス・マラグッツィ（Loris Malaguzzi）氏の詩に、「子どもたちの100の言葉」があるが、レッジョの保育者たちは、この子どもたち一人ひとりの声（声にまだなっていないけれど、確かにある子どもの100の思い、100の知りたい！という関心、100のドキドキワクワク、100のひらめき、100の感動……等々）に耳を傾け、価値を置き、それらを見える化しながら、子ども主体の探究を支えている。その100の言葉にどこまでも寄り添って一緒に探究し続ける姿勢が、世界中から注目され続けるゆえんなのだろう。

ラブリーママ： 子どもたちの学びの過程の可視化の方法って，いろいろあるのね。
わたし，何気なくリーちゃんの姿の絵とか日記に描いていたけど，あれもドキュメンテーションの1つとして価値があるのかな♡

どきどきちゃん：……わたしは，自分の思いをなかなか声にできなくてもどかしいときがあるんですが，心にはたくさん伝えたい思いがあるから，「子どもたちの100の言葉」に耳を傾けてくれる存在は，子どもたちにとってすごくありがたいと思うし，わたしもレッジョの保育者さんみたいな姿勢でありたいって思いました。（……言えた，ドキドキ。）

キウィさん： うんうん。レッジョ・エミリアでは，子どもたちの内面世界の表現方法を，いわゆる音声言語だけに求めていないんです。たとえば，子どもたちは思いを表現するために，造形物，身体表現，グラフィックなどを活用することもあります。
保育者さんのほかに，アトリエリスタと呼ばれる芸術の専門家がいて，子どもたちにさまざまな素材やツールを用意しながら，多様な表現技術や方法があることを伝えているんです。
そして，子どもたちはプロジェクト活動の中で，今，有効な表現方法は何か，対話しながら選択して，自分たちで決めていくんです。

イケイケくん： そうなんだね！ じゃ，たとえば，子どもたちが歌とか踊りで思いを表現したとしたら，オレはその姿を，映像（ドキュメンテーション）で記録してみたいな。

キウィさん： いいですね。いろいろな可視化の方法を知っておいて，状況に応じて，柔軟に選択しながら，子どもたちの学びの過程を追っていけるといいですよね。

イケイケくん： ところでキウィさん，ドキュメンテーションとラーニング・ストーリーってだいたい同じってこと？

キウィさん： ラーニング・ストーリーは，ドキュメンテーションの1つ＊といえます。

＊　請川滋大は，ドキュメンテーション（documentaition），ポートフォリオ（portfolio），ラーニング・ストーリー（learning story）を取り上げ，写真およびエピソードを用いて子どもの姿を可視化している共通点をあげるとともに，「すべてをドキュメンテーションと呼んでも間違いではないでしょう」と紹介している。『保育におけるドキュメンテーションの活用』（請川滋大ほか　ななみ書房　2016　pp.6-8）

それに，レッジョ・エミリアとニュージーランドの保育実践は，子どもを信頼していることや学びの過程を可視化することに重きを置いていることなど，共通する点が多いです。

とりわけラーニング・ストーリーが秀でている点をあげるとするなら，2つあると思います。

1つは，ラーニング・ストーリーは，子どもをとらえる視点が決まっているため，第三者であっても，その視点から子どもの姿を観察しやすく（たとえ，初めて記録対象者に出会う場合でも！），すぐに記録を書くことができて，カンファレンスにも参加することができるんです。

どきどきちゃん： ……そういえば，アルバイト先では，担任の先生がいつも忙しそうだから，何かもっとお手伝いできないかな……って思っていました。

キウィさん： 実習生，研究者，保護者などさまざまな人が記録者になることができるし，作成される記録すべてがカンファレンスに有効なので，どきどきちゃんが子どもたちの記録を書いてくれたら，担任の先生も喜ぶこと間違いなしだと思いますよ。

ラブリーママ： なんだか，開かれた保育（子ども理解）って感じがするわ♡

えっへんじいさん：いやいや，子どものことを真に理解した記録は，その子どもの側に毎日一緒にいる担任だけが書けるものじゃ。負担であっても，孤独であっても，石の上にも3年，いや10年，20年……。担任にはその使命があって，人に頼ってうんぬんできるものではなく，保育者としての専門性からいっても，そこは避けては通れないところじゃ。えっへん。

キウィさん： そうですね，もちろん，子どものいちばん側にいる担任の先生は，一緒に探究を進めるパートナーですし，子どものことを熟知していると思います。でも時には，一人で記録を書いたり考えたりするのが大変だな，難しいなと思うことがあったり，どうしても状況や時間帯によって保育者が入れ替わってずっと子どものことを一人の先生が見守ることができないときもあるかなと思います。そういうとき，ラーニング・ストーリーには利点があって，事実と考察を分けて書くスタイルだからこそ，第三者のカンファレンスへの参加を可能にしてしまうんです。これは，わたしも驚いた点です！ このあとに実践例を紹介していますから，見てみてください。

キウィさん： もう1つのラーニング・ストーリーの秀でている点は，子どもだけでなく，大人にも活用することができて，活用することで，子ども理解のみならず自己理解や他者理解を深めていくことができるという点です。

イケイケくん： たしかに。
6ページのワーク1で，オレたちのことも，丸わかりだったもんね。

キウィさん： そうですね。子ども理解を支える自己理解を積極的に進めていくことができる点は，ドキュメンテーションにも勝る魅力といえるかもしれません。

えっへんじいさん：んん……（たしかに，すごい……。）

どきどきちゃん：なんだか，早くアルバイト先に報告しながら，いろいろ試してみたくなっちゃいました。ドキドキ，わくわく。

キウィさん： いろいろなツールをうまく使って可視化しながら，子どもたちの100の言葉，100の日々のすてきな姿を語り合っていきたいですね。

(3) 迷い，悩み，試行錯誤しながらラーニング・ストーリーを綴る熱心な保育者たちの語り

キウィさん： わたしは，世界各地でラーニング・ストーリーを実践中の保育者たちに会いに行き，お話を聴かせてもらっています。

保育者たちは，テ・ファリキ（Te Whāriki）を読み進めたり，ラーニング・ストーリーの様式を試行錯誤したりしながら，熱心に取り組んでいました。

その過程に敬意を払いながら，保育者たちが語った実践中の悩み，迷いを含めた実際の声の「誰のために記録を書くのかという迷い」を表す語り[*6]の一部分を紹介します。

一人一人のポートフォリオ（ラーニング・ストーリー）

「ポートフォリオは誰のため？」

　ポートフォリオは，管理者が回収して子どもの記録として保管するわけではなく，最終的に家庭に行く。だから，家庭で見られない子どもの姿を楽しんでもらったり，それが参考になって，家庭での生活が膨らんだりすることがよいと思う。誰のためのポートフォリオで，何のためにこの子たちの成長記録を，誰のために残しているのか，一体誰のためにわたしたちは日々時間をかけて書いているんだろうかと考える。

「記録は子どものためのもの」

　記録は子どものための記録だと思う。監査や達成目標のためではなく，保護者や子どもたちが大きくなったときに見てもらう記録の方が，書き甲斐がある。書類は誰のために書くのか？　本当にこの専門的な一文はいるのか？　と思う。専門的な言葉を使って記録を書くことに焦点を当てられているような気がする。子どもたちのために記録を書いていると思えたら，もっと楽しいと思う。

「親にとっては宝物」
　　先生が書いた子どもの3年間の生活の成長記録が，個人一人ひとりにあることは，親にしたら宝物だ。

「記録を書くことで，自信を持って保護者に伝えられる」
　　個人面談や保護者に相談を受けたときに，子どもたちのことを見ている情報量があり日々記録を書いているので，印象に残っていて，自信を持って保護者に伝えられる。

保育室に掲示されているラーニング・ストーリー

えっへんじいさん：とても努力している先生たちじゃなー。

　　　　　　　　　保護者支援や子ども理解に力を入れているな。
　　　　　　　　　困難にぶつかっても乗り越えようとする学びの構えを感じるぞ。
　　　　　　　　　記録を共有するという意味を考えることが，とても大切だと気づかされたわい。

キウィさん：　　　ニュージーランドでは，保護者が，我が子でない子どもの記録を書くことも行われています。

えっへんじいさん：おー。その意味をみんなで考えてみるとしよう！

◆ワーク21　我が子ではない子どもの記録を書く意義とは

●保護者が，我が子ではない他児の記録を書く機会を設けることのメリットを考えてみましょう。

▶コラム6

誰のための何のための記録？

　グアスタッラ市立乳児保育所＊の室内の壁や棚には，子どものドキュメンテーション（記録，写真，製作物など）があり，この保育所で子ども一人ひとりがどのようなときを過ごし，どのような育ちや学びの過程にいるのかを可視化できる状態にしている。

　この「ドキュメンテーションは，子ども自身が，今自分がやっていることの過程を見ることができるものであり，またその内容を大人に伝えるものである」ととらえられており，写真がふんだんに使われ，子どもたちの活動の過程がわかるものとなっている。

■玄関から各保育室につながる廊下：玄関から入った正面の棚に，今日の子どもたちの保育所での様子が綴られた写真入りの記録（日誌）を掲示している。

■保育室内の一角：子どもがつたい歩きする視線の高さに合わせて，写真入りドキュメンテーションを掲示している。

＊　筆者（宍戸）は，一般社団法人インターナショナル幼児教育協会主催・石井希代子氏コーディネートレッジョ・エミリア現地研修2016に参加し，本施設を訪れた。本コラムの内容は，グアスタッラを含めレッジョ・エミリア近郊にある8つの市（ポレット，ブレシェッロ，グァルティエリなど）をまとめて運営するバッサ・レッジャーナ（Bassa Reggiana）に配置されたペダゴジスタからの施設案内・解説に基づく。

　興味深いことは，ピースをして微笑む子どもの姿や，カメラ目線の集合写真といった写真は1枚も取り上げられていないことである。そのかわりに，子どもたちが熱中して何かに取り組んでいるシーンや，子どもの視線の先にあるもの（子どもが見ている世界）が何ショットにもわたり，文章とともに収められている。保育者らは，保育に従事しながら一人1台ずつデジタルカメラを持ち歩き，上述の姿が見られるシーンでシャッターを押していた。子どもが求めれば，その撮ったばかりの映像をその場で子どもと眺める場面もあった。

　成果や結果ではなく，学びの過程の中で見られる子どもの姿に価値を置き，寄り添おうとする保育者のまなざしと，進行する一人ひとりの具体的な学びの内容が，子ども本人にも第三者にも伝わるものとなっている。

　「誰のための何のための記録なのか？」という問いに対する実践者自身の答えを持つことで，その保育現場ならではの記録に持ち味が生まれていくことが見えてくる。

2. 保育者養成校での実践

(1) 自分たちの学びの過程をとらえる記録★7

キウィさん： 次に，養成校での学生自身の学びの過程をとらえる記録を紹介したいと思います。この記録（ドキュメンテーション）は，「絵本の世界に入ってみたい！」という共通の興味・関心を持った6名の保育者志望の学生たちが集まって，プロジェクト活動の計画時に作成されたものです。

この学生たちは，どうして絵本の世界に入ってみたいと思ったのかお互いに話し合い，そこで出された「花のドレスを着てみたい」「かぼちゃの馬車に乗ってみたい」「お菓子の城を作りたい」「巨大ホットケーキを作りたい」という思いを叶える実写版の写真入りオリジナル絵本づくりの構想を練っていました。

この計画の過程を記録することについて，何か感じたことや考えたことはありますか？　少し簡単に書いてみてください。

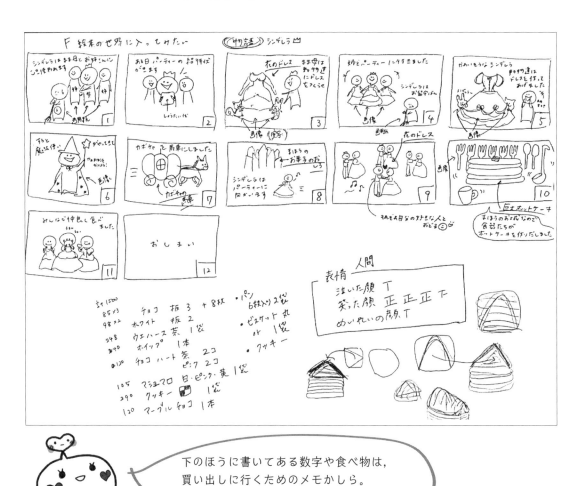

下のほうに書いてある数字や食べ物は，買い出しに行くためのメモかしら。
綿密に話し込んでいるのが伝わってくるわ。

あなた：＿＿＿＿＿＿＿＿＿＿＿＿＿＿＿＿＿＿＿＿＿＿＿＿＿＿＿＿＿＿＿＿＿＿＿＿＿＿

キウィさん： このように，絵・写真・文章を用いて可視化できる状態にすることで，それを媒体としてコミュニケーションを図りながら，アイデアを深めていくことができます。そして，第三者であっても，この記録から，どのような活動が展開され，そこでどんな学びが進んでいるのか，その過程をとらえていくことが可能となることが見えてきますね。

ちなみに，巨大ホットケーキ作りの部分の記録には，こんな記載がありましたよ。

巨大ホットケーキを作るため，何で焼くといいかという話になり，焚き火，コンロ3台など意見がでましたが，最終的にホットプレートがいいのではということになりました。

焼くとき，"どうやってひっくり返そう"となって，調理室にあったありったけのフライ返しとまな板とお皿で，みんなで息を合わせてひっくり返しました。

コツを掴んだら，2枚目3枚目は簡単にできました。

イケイケくん： 「巨大ホットケーキ完成！」っていうような結果の記録じゃなくて，今，まさに熱中している過程での様子をとらえた記録って，なんか，よりおもしろさが伝わってくるね！

ラブリーママ： この一場面の記録を見るだけでも，時間さえ保障したら，きっと今後も続いていくにちがいない探究する姿がありありと見えてくるわね。

キウィさん： 学生たちは，これから保育を提供する保育者になる人たちであって，「結果ではなく学びの過程や，学ぼうとする意欲・関心といった学びの構えを尊重される経験を積んでこそ，将来子どもたちのそれらを尊重していくことができるのではないか」と考えて行ってみた実践なんです。実践後には，ラーニング・ストーリーの5つの視点から，自分たちの学びに自信を持って自己評価する姿が見られました。

どきどきちゃん：…… わたし，今まで記録はキレイに！ってばかり心がけていたけど，話し合いに活用してこそ意味があると感じたので，これからは書く意義をいつも考えていきたいです。あと，記録って，文章だけじゃなくて絵や写真も，そのときの状況を伝えるものとして有効だと思ったので，これからの記録に生かしてみたいです。

(2) 形式や固定概念にとらわれない幅をもたせた記録から見えてきたこと

キウィさん： 実は，保育者を目指す学生たちの書く実習記録には，記入方法の自由さや余白を認めるおおらかさがないものがあり，学生たちの「記録さえなければ，実習は楽しいのに」という声を耳にします。それは，記録の意味を学ぶきっかけとして寂しいですね。

下記図は，わたしが，「実習記録の枠を全部埋めなさい」という指導をしないで，「余白もOK！」「記号も長文も何でもOK！」として「実習記録の**天候欄**を試しに大きくしたらどうなるだろう？」と試みた結果[★8]です。

すると，同じ日の記録（天候の読みとり）であるにもかかわらず，「花の花粉がたくさんとんでいるようなカラカラした晴天」「つゆがあけて，もうすぐ夏がくるなー!! という感じの晴れ☀」「お日さまが出てプールの日には最適な晴れ」といったさまざまな表現が表れたんです！

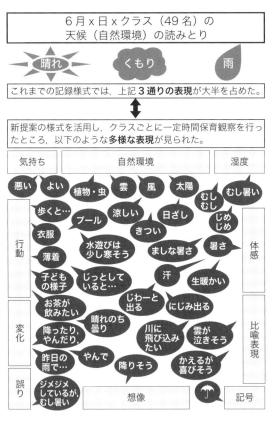

※天候欄の記述を集約した。

えっへんじいさん：記入する視点を前もって細かく指導したのかな？

キウィさん：いいえ！

えっへんじいさん：な，な，なーんと!! これは，驚きじゃ！
自然環境への気づきや，子どもにわかりやすい**比喩表現**や，**記号などの視覚的表現**，保育中に行う環境の再構成や体調管理などに関係する**天候の変化への対応**は，保育者にとって大切なことばかりじゃ〜。
若い者の力は，わしの想像を超えているらしい！

キウィさん：学生と一緒に記録用紙について考えることや，力を信じて記録欄に幅をもたせること，また記録用紙を自分で選択するようなことも，これからの記録には必要ですね！

◆**ワーク22　あったらいいな，こんな記録様式**

●あなたは，どんな記録様式や記録用紙がいいと思いますか？　アイデアを書き出してみよう！

(3) 保育者と学生をつなげる
　保育者が書いた子どもの記録を用いた学生によるカンファレンスー

キウィさん：　　　わたしは，保育者と学生が記録でつながる意識を持てるお手伝いができないかなと考えています。

えっへんじいさん：なに？　記録でつながるとは，どういうことかな？

キウィさん：　　　保育者が書いた子どもの記録を用いて，わたしと学生でカンファレンスを行ってみたのです。
　　　　　　　　　すると，このような，学生の感想が出てきました。

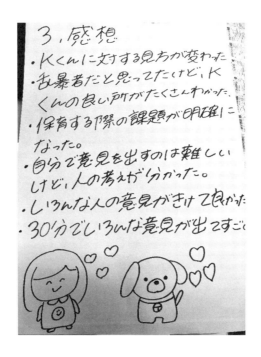

キウィさん：　　　この学生たちは，記録をとった保育者にも，記録の対象児にも会ったことはありません。
　　　　　　　　　でも，記録の事実から，30分ほどでカンファレンスを行いました。

えっへんじいさん：なんと！　学生に，保育者の書いた記録が読み取れるのか？　驚きじゃ！

キウィさん： 次に，幼稚園の園長先生が書かれた文章を紹介します。

岸井慶子「保育現場から保育者の専門性を考える」[*9] より

> 子どもを理解するときに，保育者はそれぞれ自分の今までの経験や知識，感じ方などそれぞれ独自の視点から子どもを見る。それは認識以前の理解行動に規定されている。そのような独自の視点を自分の「先入観」あるいは「癖」として自覚できる場合には，それを一時的に脇にどけて，相手の立場に立つことが可能になるだろう。しかし人間は「理解の地平」ともいうべきそれぞれの主観性から逃れることはできない。まして，保育中は頭で考えて行動するというより，瞬間的な判断で行動することが多いため，自分の先入観を自覚することは非常に難しいといえる。

キウィさん： このように書かれているように，「自分の考えの癖に気づき，それを一時的に脇にどける」ことはたやすいことではないと，わたしの経験からも思います。

えっへんじいさん：どきっ！ 実は……わしは，ミッション1の「思い込み文章」「あいまい言葉」の学習のときに，自分の思い込みの大きさに驚いたのじゃ。

キウィさん： そのようなときに，学生の意見が役立つと思うのです！
保育者たちも，「新たな意見が聴けた」「視点が違うからおもしろい」と感想を言って，学生の意見を聴くのを楽しみにしてくださる方もいるのです。
わたしは，学生によるカンファレンスは，保育者が，子ども理解や自己理解をする手助けになると思っています。もちろん，学生の学びにもつながります！

えっへんじいさん：なるほど～。

キウィさん： これからも，保育者の記録を用いて学生がカンファレンスする。そして，その意見を保育者にお返しするようなつながりを大切にしていきたいと思っています。

▶コラム7

実習記録を活用したカンファレンス

　実習記録の指導には、養成校も保育現場もさまざまな工夫がなされている。両者ともに、学生が「きれいに書く」と学習する指導の徹底よりも、「意味あると感じる」指導を目指したいと考えているのではないだろうか。

　学生の意見を積極的に取り入れて、カンファレンスに活用している児童養護施設の実践例と職員の語りを紹介する。

- 保育実習の10日間のうち、前半は、大学指定の毎日の流れを時系列に書く記録用紙で指導をしているが、後半は、施設独自に作成した「場面観察の記録用紙」に変えて指導をしている。その記録用紙は、観察（事実）と考察（所感）に、欄が分けられている。

- 実習生が書いた場面観察記録を、大学と実習生から許可を得て、現場のケースカンファレンスの資料として使用することもある。現場にとっては、貴重な資料となり、実習生と一緒に子どものことを考えていくことができる。

- 施設職員の実習生についての語り：「実習生は一人のスタッフであり、クライエント」

  > 「わたしは、実習生を一人のスタッフであり、クライエントでもあると考えている。実習生は、一人の子どもを見る大人として、対等に意見を尊重していく。そして、子どもと同じようにしっかりと見て、実習生として、ケアしていかなければならない存在だと思う。」

- 施設職員の実習記録についての語り：「実習生もカンファレンスを実習で学ぶことが必要」

  > 「実習記録は実習の質を高めていくきっかけになる大切なものだと思う。学生も場面観察の記録用紙は、書きやすいし、勉強になると言っている。現場も資料の1つになる。一緒になって子どものことを考えていくことが必要で、そうでなければ、実習指導がしんどいものになっていくと思う。」「これからの保育には、子どもの見方や、一人ひとりの子どもに対する自分の意見を言うことや、家庭を含めた支援の在り方を含めたカンファレンスが不可欠で、実習生もそのカンファレンスを実習で学ぶことが必要だと思う。」

カンファレンスの様子

― MEMO ―

3. 保育者・学生・養成校教員による実践共同体の構築を目指して
(1) みんなで子ども理解のカンファレンスを行ってみると……

① 学習会の様子

キウィさん： みなさん，保育園での学習会はどんな印象でしたか？

■学習会実施後の保育者のインタビューより[10]

かこさん： はじめ，どんなことが始まるのかなと思って，どきどきしていました。まわりをきょろきょろ見て，先生たちが笑顔だったので安心して，この学習会では，かしこまらなくていいんだと思いました。

ちこさん： カンファレンスのとき，学生にも第1回目と第2回目に出会っていたし，それに，雰囲気もすごく和んでいたので，知らないメンバーではなかったです。知っているメンバーでカンファレンスをしたから，話しやすくて，楽しかった。時間が足りなくて，もっといろんな話を聞きたかった。

えっへんじいさん：ベテランの保育者や新米の保育者，学生たちや大学教員らが混じって，学習会をしておったな〜。
第1回目のときは，みんな緊張していたが，2回目になるとはじめから知っている者同士のように，ずいぶん和んでいる雰囲気じゃったな。あれには，びっくりしたが，どういうわけじゃ？

キウィさん： はじめは「ラーニング・ストーリーって何？」と心配したり，まわりの状況を確認しようしたりする気持ちがあったようです。
日本の保育者や学生らは，周囲への気配りをする力や情報を受信する力が高いのかもしれません。

えっへんじいさん：ほ〜。なるほど。それが日本の保育力として役立っているのじゃな。

キウィさん： そうなんです‼
でも，時々，子どもを理解するより，自分の気持ちや周囲の人への心配りが大き過ぎたり，同僚や自分の保育方法を評価・反省し過ぎたり，子どもや保育者の欠点を改善しようとし過ぎたりすることもあるようなのです。

キウィさん： だから,この記録学習会では,自分の気持ちや子どもの気持ちに対する主観をまず入れないで,「見たままの事実を書く」,そこから「子どもの育ちをとらえる」記録の書き方が,日本の保育者や学生に合っている気がします。

えっへんじいさん：なるほど。学習会で自分の子どもへの見方がカンファレンスで変わった瞬間,みんな晴れ晴れとした良い顔しとったな〜。

キウィさん： はい。初めて学習会に参加して,ラーニング・ストーリーを用いた子ども理解の方法を,保育者と共に学ばれた大学の先生にもお話を伺ってみましょう。野口先生〜！ 学習会に参加して,どう思われましたか？

■「立場の違う人たちが意見を出し合い,学び合う場は初めてでとても新鮮」―野口知英代氏のコメント―

　はい,まず保育現場の先生方,養成校の学生たち,それと養成校の教員,立場の違う人たちが意見を出し合い,学び合う場は初めてでとても新鮮でした。そんな機会はなかなか持てません。その子どものことを知らなくても記録を読むだけで,意見を交換することが可能な「ラーニング・ストーリー」はすごい！ と思いました。

　もう1つは学びを進めていくうえで,自分の保育士時代をふと振り返ってみました。そして,おもわず「う〜ん」と考えさせられました。なんとわたしは記録するということをおろそかにしていたのでしょう。わたしは,31年間の保育の中でたくさんの子どもと向き合ってきました。その保育実践の詳細を,いざ後輩に伝えようと思ったら,文章では何も残っていません。書いたものはありますが,ただ空白を埋めただけの記録です。もし,ラーニング・ストーリーにもっと早く出会えていたら,子どもを丁寧に理解し,保育士人生が変わっていたかもしれないなーと思います。

　わたしと同じように記録することが苦手だなと思っている方がおられたら,まず子どもの行動を見てみてください。「あれ,こんなことしてるー」とふと目に留まったことでいいのです。それをちょこちょこっと書きとめてその内容を数名でカンファレンスします。すると明日の子どもが気になります。別の場面も追いかけてみたくなります。それは子どものことを知りたい,もっとわかりたい欲求です。カンファレンスによって客観的に見る目が持ててくるともっと知りたくなります。すると魔法にかかったように苦手意識から解放されます。「書かないといけない記録　→　書きたい記録へ。記録って楽しい！」から子どもや自己理解を深めましょう。

えっへんじいさん：これは,ぜひ積極的に活用していきたいですなー。

② 保育者と一緒の目線で学ぶことがとても楽しい！

キウィさん：　　学生たちは，本書のキャラクター役として，演じながら学習会に参加しました。役になって本書のセリフを読むことで「声を出す」ことに慣れていき，そのうちに，役のセリフではなくても，自分の意見を言えたのかな。
　　　　　　　　第1回目の記録学習会に参加した学生が，カンファレンスの体験について，実習記録と比較しながら話してくれた内容[★11]を紹介します！

■どきどきちゃん役
（もうすぐ保育者になります。ちゃんとできるかなって，どきどきしてます）

　■「実習記録は一日の流れと子どものことを一緒に書かないといけないから難しい」

　　この学習会の記録の書き方は，子ども一人に対して，見たまま，受け取ったまま，書けると思う。この記録は，気になる子のことや，もっと見てみたいということに気づける記録だなと思いました。
　　実習のときの実習記録は，一日を通して保育の流れを書く時系列の記録と，気になる子，関わっている子の個人記録（考察欄）も書かないといけないから，難しいなと思った。

■イケイケくん役
（もうすぐインストラクターになります！　スポーツ大好き！）

　■「実習記録を修正されると自分を否定されているだけの感じだった。
　　　　　　この学習会は，一緒に考える感じ。」

　　記録をみんなで考えることで，いろんな意見がでて，そこから，「こうなんじゃないか」って導き出していたのが，すごいと思った。学習会の雰囲気も好きだったし，あんまり，「保育者と学生」っていうへだたりがなかったから，すごく楽しかった。
　　実習記録は，「書いて，直して，また書いて，終わり」，「じゃあ，これでいいよ（直したからいいよ）」っていう感じだった。別に記録を直されたからって，それは先生の意見だと思ったし。自分の意見を否定されているだけの感じがしてならんかった。この学習会は，なんか，一緒に考える感じ。一緒の目線で。

■ラブリーママ役

(もうすぐ児童養護施設の保育者になります。今はもっと遊びたいと思っています。)

■「実習記録の書き方を言われても,それが何につながるのかわからなかった。
　　　　　　　この記録は書くのが楽しいと思う。」

　なんか大学に入学して実習記録書くときに,授業で記録の書き方とか,めっちゃ細かく言われるけど,それが何につながるのか,いまいち,よくわからんかったし。
　実習行って,記録書くけど,訂正されて。訂正された書き方にしたからといって,何が起こるのかもちょっとわからんし。と思っていた。
　今回の記録をこんだけ書くことでも,本当にその子が「気になる子」じゃなくて,「違うふうにとらえたらどうなるか」というのがわかると,記録書くのも楽しいと思う。
　実習生と先生じゃなくて,保育者で,一緒に。一緒の立場で考えたい,みたいな。えへへ。

■えっへんじいさん役

(もうすぐ幼稚園の先生になります。不安だけど……)

■「カンファレンスのルールがあるから言いやすかった。
　　　安心して自分の思ったことを言っていいっていうところ。」

　この記録を書いてカンファレンスして,わたしも,否定しないってうれしかったね。受け入れるって感じで。うん。自分が,実習生を見る側になっても,これをもとにして,否定する気持ちだけじゃなくて,受け入れたい,と思った。
　カンファレンスでは,ラーニング・ストーリーのルールがあったから言いやすかった。1回目のときに,「安心して自分の思ったことを言っていい」っていうところ。え? あれがルールじゃないの? カンファレンスのルールだと思っていた。

えっへんじいさん:学生は,保育者と一緒に学ぶことがとても楽しい様子じゃな。

リラックスした雰囲気の中で

キウィさん： 次は，第2回目の記録学習会に参加した5人の学生の声です！
それぞれ保育園や幼稚園に就職する前の不安と期待が入り混じった時期でした。
語りの中で，「記録への意識」について語りの一部を紹介しますね。

■「ラーニング・ストーリーは，その子どものための記録。実習記録は，わたしのための記録。」
　ラブリーママ役： これ（ラーニング・ストーリー）は，その子のための記録。
実習記録は，わたしのための，自分のための記録。わたしのために，見返すために，書く。
これ（ラーニング・ストーリー）は，子どものためだけど，自分も考えさせられる。
一人の意見じゃないから，みんなの意見だから。

キウィさん： ラーニング・ストーリーは，「子どものための記録」と言いきったのを聴いたとき，わたしもなるほど！　と思い，感激しました。次は，カンファレンスについて，みんなが話し合っている様子を，その雰囲気のままに紹介します！
「カンファレンスをやってみてどうでしたか？　実習でも行いましたか？」の投げかけに対して……。

■「カンファレンスをやってみてどうでしたか？　実習でも行いましたか？」の投げかけに対して
　どきどきちゃん役： 実習では，やらなかった。だから，保育者さんと一緒に考えるのが，新鮮で〜。
「どう思う？」って言われて，「あ，聞かれたー！」って思った。
意見を求められるのが，うれしかった!!
　イケイケくん役： うんうん。わかる！　でも，保育者さんも，いろいろ大変だと思った。
だって，一人を見るんだったらできるけど，たくさんいるし。
でも，一人ひとりのことをわかっていて，すごいな〜と思った。
　えっへんじいさん役：うん。すごい！　でも，カンファレンスすると，子どもたちの見えてないところもあるのかなと思った。
それに，気づいて，みんなで話し合っていく感じ。
　りーちゃん役： うんうん。話し合って，わかっていく。
　ラブリーママ役： 現場に就職して使えそう。自分一人で抱え込まないで，いいよね。
　どきどきちゃん役： ほんと！　同じ園の人じゃなくても，できる。
知らない子でも，書ける。
他の園でも！
　全　員　： うん！（あ！　わたしたち……，できる……！）

学びを支える教材

えっへんじいさん：学生は，意見を求められると，張り切るのじゃな！
「話を聴いてほしい！」と思っていることが伝わってくるなー。
キウィさん： 学生たちは，それぞれ異なる保育現場に就職するけど，違う現場同士でも，

ミッション3　子ども理解のためのさまざまな実践をリサーチする

ラーニング・ストーリーを使って，子ども理解のカンファレンスができると気づいてくれたのは，本当にうれしいです。

えっへんじいさん：ほんとうじゃ！　学生らは，違う保育現場の保育者になっても，集まる予感〜。

(2) 子ども理解においてはカンファレンス参加者全員が対等である
① カンファレンスでは，実習生もベテラン保育者も対等!?

えっへんじいさん：次に紹介する本は，「ミーティングのとき，実習生もベテラン保育者も同列です」「実習生は指導の対象ではなく，一緒に保育をする仲間であり，同志です」と言っているのじゃ。若者と同じだなんて，わしの長年の経験はどうなるのじゃ〜!!
えっへん!!

津守　真・浜口順子『新しく生きる』[*12] より

> 　保育者は少しの時間も気を抜くことを許されません。子どもが目前から去ったあと，差し迫った現実の要求からひととき開放され，子どもと応答していたときの体感や物質のイメージなど，最初の感覚を思い起こします。その省察は，個人的作業ですが，同僚と話し合うミーティングのときを欠くことができません。保育の場を共にした人たちと話し合うことにより，同じ子どもの異なった側面をも知り，子どもの全体像が見えてきます。
> 　ミーティングによる発見です。その時，人々の間に上下関係はありません。実習生もベテラン保育者も同列です。男，女，老若，人によって違った角度から見ているし，子どもは大人によって見せる顔が違います。それぞれが子どもに直接体験を語り合うとき，子どもの全体像が見えてきます。保育者同士，互いに話し合う時間がなくなったら，保育の質は向上しないし，子どもの成長もないでしょう。
> 　実習生，ボランティアを受け入れることが自分たちの保育にプラスになります。このことは，私の保育者生活でいくら強調しても，しすぎることはありません。保育にかかわる人たちはみな対等です。私どもの学校では，かなり早い時期から，複数の大人で保育するのが当然と考えていました。実習生は指導の対象ではなく，一緒に保育をする仲間であり，同志です。それが子どもたちの未来をつくるのに，はからずも大きな力になっています。

キウィさん：　えっへんじいさん。
どきどきちゃん，イケイケくん，ラブリーママたちとカンファレンをしてみて，どう思いましたか？

えっへんじいさん：うん。
　　　　　　　　実は，教えることがなくてな……。
　　　　　　　　反対にリーちゃんやイケイケたちに教えてもらうことがあったのじゃ。
　　　　　　　　子どもや若者の見方に，驚いたり感心したりしたのじゃ。

キウィさん：　　えっへんじいさん，ステキです！！
　　　　　　　　リーちゃんからも学ぶなんて！！　さすが，長年の経験！！
　　　　　　　　この本では共同体のことを「新たな力が生み出されるような，人それぞれの本来の力が発揮されるような場」と書いています。
　　　　　　　　これからも，えっへんじいさんの本来の力を発揮してくださいね！

えっへんじいさん：本来のわしの力……。
　　　　　　　　どうやら，わしは，長く生きてきただけで，子どもが理解できると思い込んでいたようだ。
　　　　　　　　偉い発言をしないと尊敬されないと思っていたのじゃな。
　　　　　　　　学生たち，幼い子どもたちの力をもっと借りたり，教えてもらったり，一緒に歩んでいったらいいのじゃな。
　　　　　　　　なんだか地域で子ども支援をすることを考えたくなったわい。

グループでのカンファレンスの様子

◆ワーク23　一人ひとりが輝く実践共同体のあり方を考えよう

●あなたは，保育における共同体でどのような力を発揮したいですか？
　どんなことを行ってみたいですか？

― MEMO ―

②「～先生」ではなく「～さん」と呼び合うことの提案

イケイケくん： ねえ，キウィさん，キウィさんはこんなにいろいろなことをみんなに教えてくれるのに，なぜ，この本では「先生」と呼ばれていないの？

ラブリーママ： 本当だ！　えっへんじいさんも，宇宙大学のとても立派な先生だったんですよね？　すっかり忘れていました！（笑）

えっへんじいさん：えっへん！　実は，先生と呼ばれたくないわけではない。（本当は呼ばれたい）
しかし，「先生」というのは，わしのことを知った「その人にとっての先生」であるべきだと思っているのじゃ。
すべての人にとって，わしは先生ではないのじゃ。
たとえば，りーちゃんにとっては，わしは，じいさんでよいのじゃ。
な～，りーちゃん。

キウィさん： まあ，えっへんじいさん。わたしも同じ考えです。
わたしは今，保育者，学生たちとの学習会でのお互いの呼び方を模索しています。
「先生」の定義について，個人が思うことが大切だと書いている本を紹介しましょう。

内田　樹『先生はえらい』[★13] より

あなたが「人生の師」と仰ぐいい先生は**あなたにとってだけ**の「いい先生」なんです。他の人にとっては，「ただのオヤジ」や「フツーのオバハン」かもしれません。他の人には，「ただのオヤジ」や「フツーのオバハン」にしか見えない人が，あなたには深い叡智と底知れない愛情をたたえた人生の師のように見えたとしたら，そこにはあなた自身の個性というか人格特性というか好みというか偏見というか，すでにそういうものが関与しているということになりますよね。
だとしたら，それを「偶然」と言うことは，もうできません。
師との出会いに偶然ということはありません。
もしあなたが，「人生の師」と出会った後になってもまだ，「先生とであったのは全くの偶然であった」と思っていたとしたら，残念ながら，**あなたが出会ったのは先生ではありません。**
先生というのは，出会う以前であれば「偶然」と思えた出会いが，出会った後になったら，「運命的必然」としか思えなくなるような人のことです。
これが「先生」の定義です。

キウィさん： みなさんは，どんなふうに呼ばれたいですか？

イケイケくん： 親しみやすくて，話しやすくていいから，ニックネームで呼んでほしいな！

③「子ども時代の自分の失敗談」を子ども・同僚に語る意味

キウィさん：　　　わたしは，ラーニング・ストーリーを用いて学生や保育者と学んでいるうちに，子ども理解だけではなく，学生や保育者，教員といった大人自身も，自分自身の良さや，今考えていること，感じていることに気がつくという新しい発見がありました。

えっへんじいさん：本当じゃなー。カンファレンスをしていくと，自分自身の考え方に気がついたり，だめだったなー，もっとこうすればよかった！　と反省したりすることがあったんじゃ。

キウィさん：　　　教員や保育者が，自分の失敗談や後悔などを子どもに見せることは，子どもを理解する鍵として有効ではないかと述べられているお話を紹介します。

田中孝彦『人間としての教師』[★14] より

> あるとき，私は何かのきっかけで，私の子どもたちに，自分の子ども時代の出来事を語ったら，子ども達が実に楽しそうに笑い，大喜びしたことがあった。（中略）私は兵庫県の尼崎市の幼稚園に二年間通ったが，年長クラスになったとき，先生の言うことを聞かずにハシャいでばかりいたので叱られて，「あなたみたいな悪い子は，年少クラスに行きなさい」といわれ，二週間，年少クラスに落とされたことがあった。（中略）私はこれを非常に恥ずかしいことと感じた。そこで，絶対に両親には知らさないで，二週間がまんしようと決心した。（中略）一〇日目くらいの夜，父親が家に帰ってきて，「おまえは，年少のクラスに落とされていたのか？　どうしてそのことを話さなかったのだ？」と私にたずねた。それは，決して叱るという口調ではなった。しかし，私はせっかく隠してのりこえようとしていたのに知られてしまってくやしいという気持と，一人でつらい想いをしていたのが知られてホッとしたという安堵の気持がこみあげてきて，ワッと大声で泣いた。私は，そのときの泣いた感触までよく覚えている。その感情は非常に複雑なもので，このときのことを思い出すたびに，私は幼児といえども相当に複雑な感情をもっているとつくづく思うわけである。（中略）上の三人の子どもたちは，年齢差があるが，三人とも面白そうに聞いていた。そして，聞き終わって，口をそろえて，「お父さん，もっとない？」といった。そこで，「そんなことならいくらでもある」といって，延々二時間ほども話しては笑い，笑っては話すということになってしまった。

えっへんじいさん：このような偉い先生が，自分の幼少期の失敗談を子どもに話しているのか……。驚きじゃー。

キウィさん：わたしもカンファレンスの際に，「こうしたらいい」という正しい（と思われる）支援策・対応策を言われることより，反省している過去を話してもらったり，失敗談を紹介してもらったりすると，次への一歩が踏み出せることがありました。
保育者や学生らは，子どもへの支援を考えるときに，自分自身の心の中を見つめる力があるのね。
この田中先生は，

「私たちが子どもを理解しようとするときには，すぐに育児書や発達心理学の解説書を読むということではなく，子どもについての自分のイメージのもとにある自分自身の子ども時代を思い出し，吟味してみることが，まず重要なのではないか。」

と言っています。

- あなたの子ども時代で思い出すことはありますか？
- そのことを話すことができる環境にありますか？
- あなたの話を聴いてくれる人はいますか？

えっへんじいさん：わしも，実はあるのじゃ。失敗談……。

イケイケくん：え？　なになに？　聴きたい！　えっへんじいさん，話して！

みんな：聴きたいです‼

◆ワーク24　自己の経験を振り返ろう

- あなたにも，子ども時代のことで思い出すことや，印象に残っている失敗談はありますか？

4．実践例

キウィさん： 　ここからは，具体的に記録を活用した子ども理解の実践の数々を紹介します。実践例①は，筆者（宍戸）が，保育者養成校内にある"子育てひろば"をママと利用している子どもの姿をとらえた記録です。学生たちは，このひろばのおもちゃを身近な素材で製作したり，このような記録を用いてカンファレンスを行ったりしています。
　では，見ていきましょう。

ミッション3　子ども理解のためのさまざまな実践をリサーチする

実践例①	"子育てひろば" での実践
	〜Yちゃん（1歳児）「何だろう，この感触！　足の裏でも感じるわ」〜

2017年 2月 23日（木）	子どもの名前	Yちゃん（1歳1ヶ月）

記　録
5つの視点で子どもの姿をとらえ，ありのままを書く。

タイトル：　何だろう，この感触！　足の裏でも感じるわ

| 1. 何かに**関心**をもっている
2. 何かに**熱中**している
3. **困難**ややったことがないことに向き合っている（いろいろな方法で問題を解決しようとしている）
4. 自分の考えや気持ちを**表現**している（言葉，ジェスチャー，音楽，造形，文字，数，図形，物語などを使って表現しようとしている）
5. **責任**のある行動をとっている（公平さを守ろうとしている，自分を振り返っている，他の人の手助けをしている，園の生活や保育に役立とうとしている） | 10:25　Yちゃんは，"感触遊びの手作りおもちゃ"の気泡緩衝材（プチプチ）の部分に手を伸ばして触れている。

11:35　一斉の活動後，Yちゃんは，再び，自ら感触遊びの手作りおもちゃのところへ向かい，先ほどと同じプチプチ（うさぎの部分）を両手で触っている。
　　　その後，プチプチやスポンジ箇所を両足で踏み始める。そばにいる先生がスポンジの箇所を押してみせると，Yちゃんは，前かがみになって一緒にその指先の箇所を眺めている。

11:50　活動終了間近，Yちゃんは，活動中にママと一緒に触っていた木でできた野菜等のおもちゃが入ったケースのところへ自ら向かい，そのおもちゃの上をゆっくり一歩ずつ歩いている。 | 

 |

短期間の振り返り その子の中で進んでいる学びや可能性を考えられるだけ書き出してみよう。	→	次はどうする？ その子は次に（明日）どのようなことをするか。 その子の学びを，私たちはどのように支援できるだろうか。
・自ら，手や足（片手→両手→足）を使って，色々な感触を知ろうとしている。 ・時間軸をみると，何度も素材へアプローチしていることから，関心が深いことがわかる。 ・Yちゃんは，プチプチが好きなのか，それとも描かれているうさぎさんが好きなのか。 ・ママや先生のそばで，安心して自ら素材への探究を進めている。		・引き続き，手足を使って，自ら様々な感触を探究するのではないか。 ・Yちゃんがどのような感触を好んでいるか，観察してみる。 ・一緒に様々な感触を楽しみ，言葉かけする。 ・寒天遊びをする。 ・様々な感触を手足だけでなく全身で感じられるような環境構成を考えていく。 →ハイハイしてくぐることができるトンネル。 　床に，様々な感触のものを敷いてみるなど。

ラブリーママ： わぁ♡ ちょうど，うちの子と同い年だわ。うちのりーちゃんも，プチプチ大好きなんです。
既成のおもちゃを買ってあげるんですが，そのおもちゃより，それを梱包していた廃材のほうに興味を持つことも多くて。子どもって素材が好きなのかな。

イケイケくん： オレはね，1歳児さんて，こんなに興味が続くなんて思ってなかった。
しかも，自分で考えて何度もこの素材にアプローチして，手でも足でも感触を知ろうとしてるって，すごいよね。オレまで，一緒に遊びたくなってきちゃったよ。

キウィさん： 探究する姿，すてきですよね。
この記録を読んだ他のママたちは，「ストーリーでみると，最後の木のおもちゃの上を歩いているっていう姿に対しての理解が変わる」とおっしゃっていました。

ラブリーママ： 確かに！ もし，りーちゃんが，木のおもちゃ（下の写真・事例に出てくる現物）の上を歩いているシーンだけを目撃したら，「こらー」って止めさせちゃいそうだけど，それまでの文脈を知ったら，ほほえましくて，「あら，足つぼみたいに気持ちよいかな？」なんてゆとりをもって見守れそうな気がします。
そう考えると，いつも一緒にいるりーちゃんだけど，りーちゃんならではのどんな考えやストーリーがあるのか，ちょっとひいたところから観てみながら，一緒に過ごすのが楽しみになってきちゃった♡

事例に出てくる木のおもちゃの現物

キウィさん：	そうですね。 ママさんたちも，ラブリーママと同じようなことをおっしゃっていましたよ。関心を持って，熱中している姿は，その子を取り巻く大きな世界への「参加」のレパートリーを増やしながら，学び・成長している証しです。子どもたちの"すべての行動に意味がある"と思って，その姿をワクワク見守っていきたいですね。
どきどきちゃん：	わたし，他の園での実践も見てみたいです。
イケイケくん：	書き方とか記録様式とか違うのか見てみたいぜ。
キウィさん：	では，次に保育所での実践例②を見てみましょう。 保育者の先生たちは，状況や時間帯によって入れ替わりがあったりするので，全員でカンファレンスに参加することが難しい状況です。 このY君の姿をとらえたのは，5歳児担任のH先生です。その記録を使って，私が先生方のそれぞれの都合にいい時間でカンファレンスをして，どんどん書き足していった記録です。 記録の中でも，下線部のY君の行動や，作品に注目したんですよ。 では，どんどん見ていきましょう。

実践例② 保育所での実践
～Y君（5歳児）「卒園アルバムの表紙の絵を描こう！」～

記録者氏名　H（5歳児担任）

記録をとりたい理由	背景
・描き始めは考えていたが，集中してどんどん絵を描いていたから。	・2人きょうだいの長男 ・4月生まれ（1歳から保育所に通う） ・お稽古事を2つしている。・食べ物の好き嫌いがある。
2016年 12月 7日（水）	子どもの名前　　Y君（5歳児）

記　録
5つの視点で子どもの姿をとらえ，ありのままを書く。

タイトル：　卒園アルバムの表紙の絵を描こう！

1. 何かに**関心**をもっている 2. 何かに**熱中**している 3. **困難**ややったことがないことに向き合っている（いろいろな方法で問題を解決しようとしている） 4. **自分の考えや気持ちを表現**している（言葉，ジェスチャー，音楽，造形，文字，数，図形，物語などを使って表現しようとしている） 5. **責任のある行動**をとっている（公平さを守ろうとしている，自分を振り返っている，他の人の手助けをしている，園の生活や保育に役立とうとしている）	＜卒園アルバムの表紙の絵を水性カラーマーカー（8色）で保育士の横に座り描く。保育園生活で一番楽しかったことを思い出し，「お泊り保育」と「大阪城」のことを描くと決める。＞ ・お泊り会のことを描くとき，「何をしているところを描こうかな」「花火もしたし，カレーも作ったし」と，独り言のようにつぶやく。 ・「顔の色ははだ色」と言い，ペールオレンジのペンを手に取り描く。次に髪の毛を黒で描き，そのまま，目を描き，赤のペンで口を描く。次に首を描こうとして，ペールオレンジをもつ。服は「玉ねぎを着ていたから黄色」と言い描く。手はペールオレンジ，ズボンは黒で描く。 ・「Nくん（仲良しの友達）描こう」と言い，ペールオレンジと黒と赤のペンを席に取り出し，机に置く。 ・同じように描いていたが，「あ，先に首を描こう」と顔の輪郭を描いた後，そのまま首を描く。髪，目，口の順に，描く。使うたびにペンを片付ける。 ・「できた」とできたときに言う。 ・Hが，（平均台でごはんを食べたところを描いていたので）「ここ，描いたんだー」とHが言うと，「ここが，うれしかったんだ」と話す。　😊 <div align="right">ひとりでやろう</div>

次ページに続きます↗

ミッション3 子ども理解のためのさまざまな実践をリサーチする

短期間の振り返り その子の中で進んでいる学びや可能性を 考えられるだけ書き出してみよう。	次はどうする？ その子は次に（明日）どのようなことをするか。 その子の学びを，私たちはどのように 支援できるだろうか。
＜下線部に着目して意見を出し合う＞ ・先のことを考えられる。見通しがもてる。 ・先を見通し，段取りをして行動できる。 ・計画性がある。 ・几帳面。 ・色がわかっている。 ・系列化をする力がある。 ・時間の使い方がうまい。 ・効率的に考える力がある。  ＜作品に着目して＞ ・（一人描いた人を応用して次々に描いているので，）一つの学びを他のことへ応用する力がある。 ・丁寧に物事を完成させようとする力がある。 ・担任に対して安心して自分の考えを表現できる。 ・物の数を対比して描く。（リュックサック・弁当・水筒） ・空間のバランスを考えて描く友達の人数を決めている？　好きな友達を描く素直さ？ ・水筒が細かく描かれているので，水筒をよく観察している。（使用頻度が高い？）	・先のことを見通して行動できる姿を認める。 ・計画性があり，進んで行動する姿をほめる。 ・順番に並べたり，色を把握したりする姿を認めたり，他の友達に紹介したりして，より自信につながるように認めていく。 ・時間の使い方がうまく，効率的に動くことがよい活動ばかりでなく，時には，ゴールのない（完成見本がないような継続性のある）創造活動などを一緒に楽しむ機会を作る。 ・「急がなくてもいいよ」と声をかけ，ゆっくりと見守る。 ・結果をだすことに集中しないように，「耳の中はどうなっているのかな？」「まつ毛は，何本あるのかな？」などと，遠回り（時に脱線）しながら，結果以外のことを発見する楽しみを味わうようにする。 ・描く素材（ペンの種類や色の数）を増やす。 ・人物が豊かに描けるように，さらに多くの遊びと絵を描く経験をふやすようにする。 ・意欲的に物事に取り組み描く姿を認める。 ・イメージを膨らませる写真や，言葉かけをしていく。（経験直後の表現活動ではなく，時間が経過している経験に対しての思いだしの支援として） ・紙に対して「描き終わり」のイメージをもっているとすれば，何枚も描ける自由さを伝えていく。（今回は少しその意識が強かった？） ・空間を認知する力や物の対比をして描く姿を認めて，その力を活かせる場面をつくる。 ・好きな友達を描いているとすれば，その素直さを認めていく。 ・（水筒のように）友達と体を使って遊び，理解しあうような実体験を増やしていく。

キウィさん：　　この記録をY君のママに見てもらったんですよ。
　　　　　　　　ママは，「先生たちがY君のことを丁寧に考えてくれていてうれしい。小学校に行っても，この記録を励みに頑張れそうです」と言っていました。

ラブリーママ：　ママとしては，これからの育児の支えになります！

キウィさん： 次は，フリー保育者の南先生が記録した記録を使って，こども園の先生たちとカンファレンスをしたものです。全員で集まることがやはり困難でしたので，2つのグループに分かれてカンファレンスをしました。

ドキドキちゃん：あれ？ 記録用紙の枠組みや言葉が少し違う。

キウィさん： そうなんです。「大きくなったAちゃんと保護者の方が見ることを考えると，もう少し柔らかい言葉で書きたい」という保育者の先生方の意見を聴いて，変えてみたんです。
ラーニング・ストーリーの子どもをとらえる5つの視点も，記録用紙の最後につけて，後で説明できるようにしているんです。

ドキドキちゃん：少し大きくなったAちゃんが，はじめの「あなたの姿を見つめたい」というところから順番に記録者の先生の想いを理解していくってことですね。
対象者の見方を考えてあるんだ。大きくなったAちゃんとお母さんは，どんなふうに思うのかな。聴いてみたいです。（ドキドキ）

実践例③ 認定こども園での実践
～Aちゃん（2歳児）「アリさんどうしたの？」～

観察者： 南

記録者の想い（あなたの姿をみつめたい）	背景（あなたのこと）
・興味関心を向けていることがなにか，知りたかった ・普段，保育者の働きかけが多く，本児のありのままの姿をとらえ切れていないと思ったから	・入園して約2ヶ月　　・三人きょうだいの末っ子 ・保育者と目が合いにくいと南は感じる ・視覚的な情報が入りやすい　・3月生まれ ・1週間前から，色に興味を持っている（南が，色を尋ねる機会が多い）
2017年5月29日（月）PM 16：00～	子どもの名前　　Aちゃん（ 2 歳児）

記　録
5つの視点であなたの姿をとらえた，ありのままを書く

タイトル：　アリさん，どうしたの？

- 砂場の中でしゃがみこみ，身を乗り出し，両手のスコップ（左：黄・青，右：赤）をもって，ミミズにアリがたかっている様子を見ている。眉間にしわを寄せ，首をかしげる。
- スコップでミミズをすくい，スコップを見て，揺らし（ミミズを取り落とそうとして）放り投げる。
- ミミズがいた場所に少しずつ近寄り，アリの動きを目で追う。口は薄く開いている。
- 他児が本児の背後から，手を回し身体をゆするが，動じることなく，見ている。
- スコップを砂に軽くあて，左右に振る。顔を砂場に近づけ，アリの様子を見る。
- 集まっているアリに，スコップですくった砂をかけ，スコップで砂ごと，アリを砂場の外に出す。
- アリが1匹，スコップの中で動いているのを見て，スコップを振る。（スコップを振るがアリが落ちない。）
- 右手のスコップを砂の上に置き，左手のスコップを右手に持ちかえ，スコップを砂に当て，左右に振る。
- アリが1匹スコップの中で動いているのを見て，振る。
- スコップを南に差し出し「はい」と言う。南が「ありがとう」と言うと，「きいろ」と言う。

ひとりでやろう

短期間の振り返り あなたの中で進んでいる学びや可能性	次はどうする？ あなたの明日の姿・私たちのあなたへの支援
・アリに興味がある。・声をかけられても没頭する集中力がある（約20分） ・アリの動きに興味がある。アリの動きを見るためにミミズが邪魔だと思って，どかそうと考えた。（「丸虫をみる？」と誘っても見ない。アリの細かな動きが好き？） ・継続して，顔を近づけて集中して熱心に細かな動きを見る。探求し，打ちこむことができる。 ・アリが落ちないことから，足の力に気づいた。自ら不思議なことを見つける力がある。 ・保育者の「色」の質問を予測し前もって答えた。 ・虫や風など自然界に興味を持ち始めている。	・アリへの興味関心に寄り添い，一緒に見る。 ・保育室に生き物，動くもの（風や光，影など）で遊べる環境をつくる。 ・保育者の話を聞いているので，親しみをもってそばで話す。アリへの本児の想いを予想して代弁したり，アリを尊重して，アリになって話したりする。 ・言葉を発しないで集中している姿を見守り，他の子どもたちにも伝える。 ・おうちの人と，あなたの熱心な姿を喜び合う。 ・引き続きアリへの関心を注目していく。 ・色への興味が進んでいくのか注目していく。

（1．関心をもつ）（2．熱中する）3．困難に向き合う　4．考えや気持ちを表現する　5．責任のある行動をとる

キウィさん： 実践例④は，筆者（宍戸）と記録に興味を持っている保育者たちとで，記録用紙の枠組みを検討した＊ものです。

実践例④ 保育所での実践
～ふくくん（4歳児）「友だちの喜ぶ顔が見たい！」～

氏　名： ふくくん（4歳5か月）　　　　　　　年月日： 平成29年11月20日

観察の観点 ※着目した観点に✓をつける。	子どもの姿 タイトル：（　友だちの喜ぶ顔が見たい！　）	幼児期の終わりまでに育ってほしい姿 ※子どもの姿に見られる育ちに○印をつける。
□主体的生活 （健康，食事，排泄，午睡，着脱） ☑自発的遊び （関心，熱中，コミュニケーション，困難ややったことのないことに立ち向かう，責任ある行動） □ □	7つ（自然物，製作，魚釣り，レゴブロック，折り紙，絵の具，魚釣り，ボーリング）のコーナー遊びの中から，好きな遊びを自己選択し遊ぶ活動時に，ふく君は，製作コーナーで製作した"優勝カップ"をボーリングコーナーへ持ってきた。 その"優勝カップ"は，カップラーメンの容器（側面と内部が全て黄色のマジックで塗りつぶされている）と箱を組み合わせたもので，テープで四方から固定されている。 ボーリングをしているメンバーたちが，「Kくん，おめでとう!!」とK君を囲んで拍手をすると，ふく君は，優勝カップをK君に渡して一緒に拍手をする。K君が優勝した理由が分からない記録者が「どうやって，（優勝者が）決まったの?!」と尋ねると，ふく君は，笑いながら，「ぼくもわからない。ルールなんてないよ。まいにち，かわる。あしたは，Rくんに（優勝カップ）あげるんだ！」と話す。	㋐健康な心と体 イ　自立心 ウ　協同性 エ　道徳性・規範意識の芽生え オ　社会生活との関わり カ　思考力の芽生え キ　自然との関わり・生命尊重 ク　数量や図形，標識や文字などへの関心・感覚 ㋙言葉による伝え合い ㋚豊かな感性と表現 その他 （　　　　　　　　　　） （　　　　　　　　　　） （　　　　　　　　　　） ※その他の欄には，園で大切にしている保育の目標（育てたい子どもの姿）等を入れる。

育みたい資質・能力 ※子どもの中で育っている資質・能力に✓を入れる。	評価（今後に向けて） ※子どもの姿や関連する出来事から見えてくるその子どもの学びや育ちの状況及び今後の見通し等を記入する。
□「知識や技能の基礎」 豊かな体験を通して，感じたり，気付いたり，分かったり，できるようになったりする ☑「思考力・判断力・表現力の基礎」 気付いたことや，できるようになったことなどを使い，考えたり，試したり，工夫したり，表現したりする ☑「学びに向かう力，人間性等」 心情，意欲，態度が育つ中で，よりよい生活を営もうとする	自分が遊びたいコーナーを主体的に選び，充実感をもって自分のやりたいこと（他児が喜ぶ製作物を作りたい）に向かって心と体を働かせていることがわかる（ア）。また，製作過程は今回観察できなかったものの，製作物（優勝カップ）から，素材や道具を選び，自分がイメージしたものを熱中しながら創り上げたことが見えてくる（コ）。友だちの存在がふく君の中に位置づいている言動が見られるため，その関係性の深まりや，今後，クラス全体がどのように自分たちでルールをつくっていくのか，その中で（ウ）協同性や（エ）道徳性・規範意識がどのように芽生えていくのか，見守っていきたい。

＊ 記録した子どもの姿を，「幼児教育を行う施設として共有すべき事項」として平成30年施行の保育所保育指針などに記載されている「育みたい資質・能力」や「幼児期の終わりまでに育ってほしい姿」という観点からもアセスメントできるよう，それらの項目を枠組みの中に取り入れた記録様式の検討を行った。

キウィさん: 実践例④の幼児期の終わりまでに育ってほしい姿の欄には、10の姿のほかにも、園で大切にしている保育目標（育てたい子どもの姿）や、その子自身がなりたいと思っている自己像を記入できるよう、幅をもたせた欄になっているのが特徴です。

イケイケくん: ええー！ オレ自身が目指してる未来の自己像を、先生や親が信頼して書きとめておいてくれる欄があるなんて、衝撃!! それだけで、やる気でるぜ。

ラブリーママ: その子自身がなりたいと思っている自己像になる過程を見える化できるなんて、本当にすてき♡
私だったら、評価欄に応援メッセージも書きたいな。

どきどきちゃん: そんな記録を子どもが読んだら、本気で向き合って声を聴いてもらえていることがわかって、自分の思いや行動に自信がもてるようになる気がします。

キウィさん: 次の118ページからのそれぞれの記録は、保育者養成校の授業の中で、学生たちが作成したものです。
実践例⑤は、学生たちがそれぞれ保育者役・子ども役・観察者役になって模擬保育を行うときに、観察者役の学生が子ども役の学生の姿を観察して記録したものです。

どきどきちゃん: こんなふうに保育現場に近い感じで、ラーニング・ストーリーを活用してみる機会があると、記録を書くドキドキが、ワクワクに変わる気がします。

イケイケくん: なんか記録を書いてる観察者役も、記録を書いてもらう子ども役も、どっちも楽しそうだね。

キウィさん: そうですよね。それから、後日、観察者役学生（記録者）と子ども役学生とで、この記録を一緒に読んでみるという実践では、子ども役学生はその記録された活動時の思いを、多様に語る姿が見られたんです。その言葉も貴重なので、日付とともに記録に書き加えてあるんですよ。

ラブリーママ: 記録を書き加えたりできると、なんかストーリーに厚みが増して、よりその子のことが見えてきそう♡
りーちゃんが1歳のときのラーニング・ストーリーを、りーちゃんが2歳になったとき、3歳、4歳……20歳になったときも読んであげて、記録をみてどんなふうに語るかも書き加えていってみたいな。

実践例⑤ 養成校での実践
～5歳児役になって「スライム作り」～

その子が「やっていること」や「言っていること」、他者とのやりとりを、ありのまま記録してみましょう。

活動名：スライム作り

Dクラス　記録者氏名：Y.T

2017年 7月 7日（金）　　子どもの名前　みーちゃん（5歳児）

記録
5つの視点で子どもの姿をとらえ、ありのままの事実を書く。

タイトル：!! やる気・勇気・元気 100%なみーちゃん!! ♡♡♡

1. その子は何に**関心**をもって、どうしている？
2. 何に**熱中**している？
3. どんな**困難**ややったことがないことに向き合っている？（いろいろな方法で問題を解決しようとしている）
4. どのように**自分の考えや気持ち**を表現している？（言葉、ジェスチャー、音楽、造形、文字、数、図形、物語などを使って表現しようとしている）
5. どのような**責任のある行動**をとっている？（公平さを守ろうとしている、自分を振り返っている、他の人の手助けをしている、園の生活や保育に役立とうとしている）

- ☆ (2) 友だちと一緒に手遊びをする。
- ☆ (1) クイズに答える。
- ☆ スライムを見る。「食べたい!」と言う。
- ☆ (4) 約束事を聞く。(救急車のまね)
- ☆ (2) 列に並ぶとき、前の友だちにぎゅーとする。
- ☆ 入れている様子を見る。→ 角出る。「まほうみたい!」
  - 水を入れて再び角出る。「わー!固いね!」
  - 「もちもち、ぷにぷにしてきた!」とスライムを手で揉む。
- ☆ (3) スライムを丸めたり、匂いをかいだりする。→ ラメを見る。
  - 「ピンクがいい!」
- ☆ ラメを入れると「プリンセスの色みたい!」
  - 「あと何個入れていいの?」と問いかける。
  - 「大きいのはまざらないなぁ。」「ふりかけみたい!」
- ☆ 柔らかくなるようにボールを使って捏ねる。
  - 「もう少しだけ粉も入れよう!」→ できた!! → みんな角出て!!
- ☆ コップに入れる。「アイスのパフェみたい!」（ボール使ってきれいに入れよう!）
- ☆ (2) 友だちと仲良く手洗いに向かう。
- ☆ (3) 机の上から角出る。「きもちいい!!」「楽しかった ☺」 ひとりでやろう。

短期間の振り返り
↓
その子の中で進んでいる学びや可能性を考えられるだけ書き出してみよう。

- ① ☆ 保育者の言葉掛けに対して次のことも考えることができる。(理解力)(発想力)
- ② ☆ 友だちと一緒に楽しむことができる。(協力性)(友情)(優しさ)
- ③ ☆ 自分の考えを大切にしている。(イメージ) (個性) ☺☺ みんなでやろう。

次はどうする？
その子は次に（明日）どのようなことをするか。
その子の学びを、私たちはどのように支援できるだろうか。

友だちと一緒に遊ぶことが好きなので、鬼ごっこやハンカチ落としなどの集合遊びを取り入れた活動を行う。

「夏」で思いつくもののような大きなテーマから考えることのできるクイズなどを行う。(導入などで取り入れる) ☺☺ みんなでやろう。

（しおりママの意見）
- なにごとにも全力でパワフル・メリハリができている。
- 周囲を明るくしてくれる。

キウィさん： 実践例⑥，⑦は，学生たちが子育て支援の活動を企画して，実際に，地域の親子に遊びに来てもらうという実践で，自分たちが企画に込めた思いや，準備段階で試行錯誤したこと，触れ合いを通して学んだことなどの一連の流れを，1つの学びのストーリーとして見える化した記録です。

実践例⑥　養成校での実践
〜子育て支援の活動の企画
「親子でキラキラコーナー」における自分たちの学びのストーリーの見える化〜

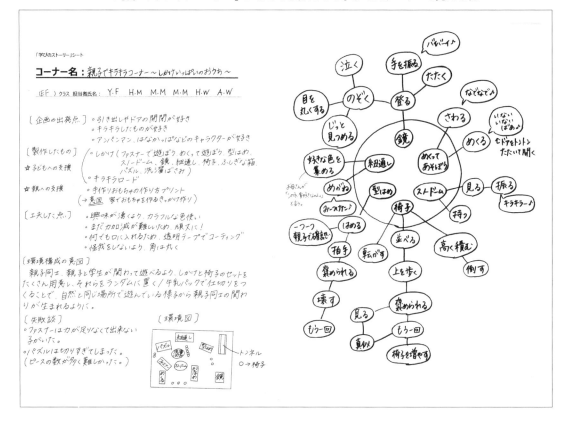

イケイケくん： なんかクモの巣みたいな図，初めて見た。

キウィさん： 文章や箇条書きで書いていた記録のキーワード（実際の子どもの姿や声）をあげていき，それぞれのキーワードの関係性をマップにしたものです。また1つの見える化の方法ですね。
自分たちが子どもの発達や遊び方を考慮して製作したおもちゃが，実際に子どもたちにはどのように遊び込まれたのかが見えてきますし，次にどのような展開が予想されるか，そのために何を準備したらよいかなどを今後考えていくツールとしても使えると思います。

ラブリーママ： 写真とか，絵とか，マップとか，文章とか，状況に応じて組み合わせて使うと，ストーリーやプロセスがよく見えてくるんですね♡

キウィさん： 学生たちは，これまでの人生で，出来栄えや結果を重視される状況に置かれることが多くて，自ずとよくできた，よくやったと評価されると思われることだけを全面的にクローズアップして表現したり，正答を真っ先に求めて冒険は極力避けたり，という傾向にありました。
そんな学生たちが，ラーニング・ストーリーを通して学びや育ちのプロセスこそ大切であるということを知り，またさまざまなプロセスの可視化の方法を学ぶ中で，自分たちの学びにおいても，試行錯誤の過程や失敗経験にこそ意味があり，それらは隠すようなことではないこと，むしろ自信を持って自分たちが学びを得た軌跡として，多様なツールを使って見える化しようとする姿に変化したことは，とても意義深いと感じます。なぜかというと，子どもたちのそういう過程に価値を置き，受け止め，認めるまなざしを手に入れたといえるからです。
記録の定型やこうあるべきという考えにとらわれず，子どもの声をよく聴くために，また，今起こっていること（プロセス）を可視化し伝えるために，という目的や目標を大切にし，自分たちで模索しながらプロセスの見える化を試みている学生たちの姿から，学ぶべきことが多々あると感じる記録です。

実践例⑦   養成校での実践
～子育て支援活動の企画「お菓子の家」における自分たちの学びのストーリーの「見える化」～

「学びのストーリー」シート

コーナー名： おかしの家

(C,D) クラス 担当者氏名： Y.S　T.T　R.T　Y.T　Y.N　R.H

私たちは3つの背景をもとに製作物がどのように遊びに取り入れられたかをプロジェクトマップで表しました。

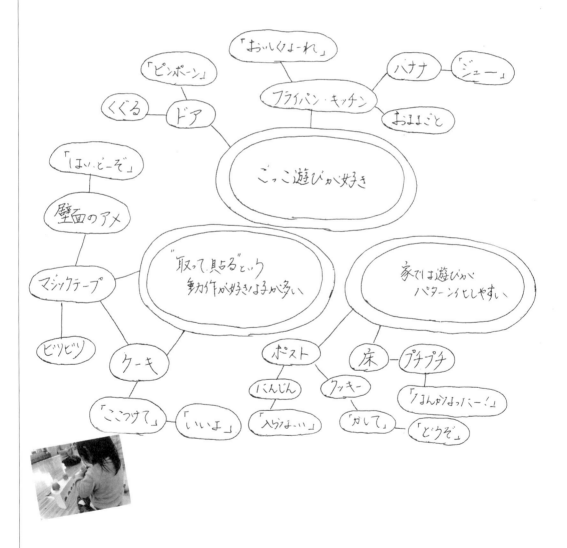

エピソード

お菓子の家の中で1番の人気は ポスト！
保育者からクッキーをもらうと嬉しそうに一枚ずつ丁寧にポストに入れていました。そこまでは予想していたのですが、ポストのほそ〜い穴から外を覗いて「お〜い」と叫ぶ子どもの姿がみられ子どもの視点の広さを実感しました。
床には気泡緩衝材（プチプチ）を使用したのですが、触ったことのない感触に興味関心が生まれフフどうしていいのかわからない様子で保育者の指を使って「プチッ」という音を楽しんでいる子どももいました。

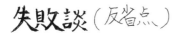

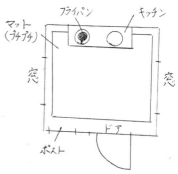

失敗談（反省点）

ダンボールで作った屋根は安定感がなく、当日まで試行錯誤を繰り返しましたが、活動中も気になり、落下など子ども達の安全面を考えて活動の途中で撤去しました。すると、子ども達は「明るくなった〜」と遊びを中断することなく、上から覗き込むお母さんに向かってクッキーを差し出す様子も見られました。お母さん達も子どもの様子が見やすくなり、親子同士の会話も増えていました。"家"という概念から屋根を付けなければと思っていましたが、子育て支援の場ではリアルさを追求するよりは、親子の交流の生まれやすさも考える必要があることを学びました。また、ケーキの上のいちごを花紙で作ったのですが、花紙は何度も取ったりのせたりするうちに切れてしまったのでフェルトなどで作るべきだったと思います。フライパンやアメは数の関係で取り合いになってしまったので、何個も作っておくことも笑顔で帰って頂くために必要な配慮だと感じました。子どもの興味関心を想定した上で素材を選ぶことや数を考えることも、様々な月齢の子どもが集まる子育て支援では大切なことだと思います。

〈お菓子の家の中〉

学び・気づき

遊びの中で包丁でケーキを切ったり、フライパンで炒めたりといった模倣がみられ、子ども達は母親や身近な人の行動をよく見ていると感じました。また、保育者の声がけで遊びが広がっていくのを実感し、同時に子ども達の遊びが繋がるように言葉がけする難しさも痛感しました。活動の中でお母さんに「家ではどんな遊びが好きなんですか？」と質問すると「家では車や新幹線でしか遊ばないからこうやってごっこ遊び）女の子がするような遊びも好きなのはびっくり」という答えが返ってきました。家では見られない子どもの姿に保護者が気づくように仕掛けるのも子育て支援での保育者の重要な役割だと気づきました。

キウィさん: 最後の実践例は，児童養護施設の雪先生が書いた記録を使った多職種協働のカンファレンスの実践です。

はるちゃんの2つの場面記録を使って，はるちゃんに会ったことのない参加者（学生，保育所保育者，児童養護施設保育者，養成校教員）で公開カンファレンスを実施[15]したときのものです。

実践例⑧　児童養護施設での記録を用いた多職種協働による子ども理解のカンファレンスの実践
～はるちゃん（8歳児）2場面シートより～

● 雪先生が作成した記録

2場面シート	子どもの名前	はるちゃん（ 8 歳児）
記録をとりたい理由	背　景	
・はるちゃんが得意だと話すUNOで，コロコロ変わる表情に心の動きが表現されていたため。	・しっかりもので，周囲をよく見ている。 ・自信がなく，積極性はあまり見られないが，自分の意見を持っている子。	

記　録
子どもが関心をもち「取り組んでいること（やっていること）」や
「発言（言っていること）」を捉え，ありのまま書く。

2016年 10月 15日（土曜日）

タイトル	大人2人と子ども2人でウノをする

・はるちゃんが，「ウノがしたい」と言って，リビングで，カードを配り始めました。
・はるちゃんは，配ったカードに「英語が多い」と言うため，雪保育者が混ぜて新しくカードを配ると，「変えてっていっていないのに」とむすっとして，口を尖らせている。
・1ゲーム目の終盤，はるちゃんと保育者が最後に残り，保育者のカードが1枚になると，顔が固まり，口数が減る。保育者のカードが増えると，笑顔がよく見られ，よく話す。
・1ゲーム目は，雪保育者に勝利し，笑いながら，2ゲーム目をしようとカードを配り始める。
・手札を確認すると，「あー無理やわ。なんなん。はーあ。」とため息混じりに「カードが弱くて勝てない」と言ったり，机をたたいたり，カードを勢いよく机に置いたりする。
・ゲームがはじまり，再び雪保育者のカードが減り始めると，言葉を発しなくなり，下を向きながら，荒くカードを出す。
・終盤に雪保育者のカードが自分のカードより増えたことで表情が明るくなり，雪保育者が負けて悔しがる姿に，「どんまーい。まだまだ勝つには早いわ！」と笑顔で話す。
・ゲームは，5回行われ，本児がビリになることなく，終える。

短期間の振り返り その子の中で進んでいる学びや可能性を 考えられるだけ書き出してみよう。	→	次はどうする？ その子は次に（明日）どのようなことをするか。 その子の学びを，私たちはどのように 支援できるだろうか。
・自分のしたいことを提案できる。 ・英語のカードがあっても，対等に勝負したい。 ・英語のカードがあったほうがうれしい。 ・感情を素直にだせる。 ・ウノのルールを熟知している。 ・大人に勝った自分を認めてほしい。 ・表現が豊かである。 ・雪先生がとても気になっている。		・ウノがしたいと言うだろう。 ・勝たせてあげたいというより，対等に勝負すると，ゲームの楽しさが伝わるのではないか。 ・気を使ったりするのではなく，はるちゃんがのぞんでいる対等な勝負をする。 ・本気で遊ぶ。 ・負けたときにどうするのかを一緒に考えるのも支援だと思う。 ・チーム戦でゲームをしてみて，同じチームメンバーを応援するのかを見る。

●〈ラーニング・ストーリーの5つの視点〉

カンファレンスの参考に…

1. その子どもは何に関心をもって,どうしている?
2. 何に熱中している?
3. どんな困難ややったことがないことに向き合っている?
   (いろいろな方法で問題を解決しようとしている)
4. どのように自分の考えや気持ちを表現している?
   (言葉,ジェスチャー,音楽,造形,文字,数,図形,物語などを使って表現しようしている)
5. どのような責任のある行動をとっている?
   (公平さを守ろうとしている,自分を振り返っている,他の人の手助けをしている,園の生活や保育に役立とうとしている)

2016年 10月 17日(月曜日)	
記録をとりたい理由	・「できない」から,「できる」に変わった瞬間が見られたため。
タイトル	学校から帰園後,宿題に取りかかる

- 算数の宿題を始めるが,少し経ち,「お姉さん,わからん,助けて」と言う。
- 保育者が話を聴くと,「図を書きなさい,と書いてあるが,ノートに書くのか,ドリルに書くのか,わからんねん」と話す。保育者が,①同じクラスの子に聴く,②学校の先生に電話をして聴く,の2つを提案するが,「だから。教えてほしいのは,どっちに書くかってこと!」と声を大きくし,怒りながら泣いている。(しくしくと泣く)
- 様子を見ていると,5分後に,「学校に電話する」と,ムスッとした顔をしながら保育者に声をかける。
- 電話をかけ,保育者が電話機を渡すと,先生に何と言ってよいのかわからず,「知らん! もう!! なんて言うのよ! お姉さんが言ってよ!」と怒りながら,泣く。
- 保育者が,電話を保留にして(学校の先生に待ってもらって)「計算ドリルの〇番はどこに書いたらいいですか?」と尋ねてはどうかと話すと,少し間をあけ,「うん。わかった」と受話器を受け取り,先生と話した。
- その後は,スムーズに宿題をすませることができた。

〈後日談〉
- その図を書く宿題は,3日後に出た。(はるちゃんは,宿題の箇所を間違えていた。学校の先生は,電話口では「ノートに書いて」と言ったが,宿題箇所ではない問い合わせだったため,不思議に思っていたとのこと。)

短期間の振り返り その子の中で進んでいる学びや可能性を 考えられるだけ書き出してみよう。	次はどうする? その子が次に(明日)どのようなことをするか。 その子の学びを,私たちはどのように 支援できるだろうか。
・自分でわからないことを言える。 ・SOSを出せる。 ・雪先生に甘えることができる。 ・雪先生を信頼している。 ・ルールをも守り,きちんと言われたことをしたい。 ・短時間で自分の気持ちを立て直すことができる。 ・真面目な子ども。 ・自己決定できる子ども。 ・雪先生を頼りにしている。 ・自分に自信がないから,ウノでは,得意なところで自信をつけたいのかな。 ・話せる人と,話しにくい人との区別をしている。 	・雪先生を信頼しながらも,他の人にも頼っていけるようになるのではないか。 ・どうしたらいいかを,まず自分で考えさせる。 ・学校に電話するという大けさなことをしない。 ・迷うときには,両方しておくなど,臨機応変な対応を伝える。

キウィさん：　　　前ページのカンファレンス後の龍尾和幸氏のコメントを紹介します。

■「多職種協働による子ども理解」―龍尾和幸氏のコメント―

◆「観察なくして援助なし」～子どもは人との関係性の中で育つ～
　私は，雪先生が，「育てよう，育てよう」としていると感じました。もう少し援助者として自分自身を振り返ることも大事だとも思います。子どもというのは「育てるのではなく，関係性の中で育つ」と考えています。「人との心の通わせあい，関わり合い，感情の交流というものをしっかりと見つめていくことが観察」であり，「観察がしっかりできて文字化されたものが記録」であると思います。

◆ 多職種協働を可能にするツールが記録
　観察した事実から記録を作成するが，「事実は，必ずしも真実にあらず」ともいえます。「この子は本当は何が言いたかったんだろう？」と考え，真実を確認するために記録があります。その際，私たちは自分のフィルターを通して子どもを見ます。私の見方は単に1つの見方でしかないという自覚をもち，多職種協働で子どもの多面的な部分を見ることが必要です。
　さらに，現在の福祉は「クライエントと私」ではなく「クライエントと私たち」という地域における関係者のネットワークが求められ，その自立した関係者ら個々をネットワークで繋ぐツールの核が，「観察力に裏付けされた確かな記録」です。

キウイさん：　　　龍尾和幸氏のコメントは，わたしたちがラーニング・ストーリーを用いて"何をするのか""どう活用していくのか"という問い直しと，これからの指標を示してくれていると感じます。
　　　　　　　　今，わたしの近くの地球社会は複雑化していて，生きることに困難を感じる保護者や子どもたちは，残念ですが，多くなっているといえるでしょう。
　　　　　　　　でも，私たち援助者は，その姿を観察し，その可能性を見つけ，未来に向かって変化する姿を信じて伴走したいですね！

ドキドキちゃん：むずかしそう。（だいぶ自信が持ててきたと思ったけど，また心配になってきた。できるかな……？　ドキドキ）

キウイさん：　　　うん。一人では，難しいです。だから，自分自身の見方は，一方向からの見方だと自覚して，対象者の支援のためのネットワークを築く努力をしていきたいんです。

ミッション3　子ども理解のためのさまざまな実践をリサーチする

イケイケくん：　キウイさん，なんだかむずかしいな。ネットワーク？

キウイさん：　ラーニング・ストーリーを学んだ「その子どものためでもあり，わたしたちのためのもの」という学生の言葉のように，ラーニング・ストーリーを多職種と協働する意識をもって，対象者の多面的理解と自己省察を目指していきましょう！

みなさん，最後まで私の話を聴いてくれてどうもありがとう。
養成校や，子育てひろば，保育所，認定こども園，児童養護施設など，いろいろな実践例を紹介してきました。これらが完成した形ということではなくて，どんどん実践しながら実践共同体で子どものことや，周囲の大人たちのことを考え合っていっているんです。
わたし自身も，今，ラーニング・ストーリーやドキュメンテーションを作成して，カンファレンスするときに，園で大切にしている目標や，幼児期の終わりまでに育ってほしい10の姿という観点からはどんなことがいえるかな？と考えてみたり，児童養護施設で過ごす子どもたちとも，子どもと一緒に書くラーニング・ストーリーの方法を模索したりしています。

えっへんじいさん：わしたちも，そろそろ宇宙に戻って，りーちゃんや，みんなとネットワークとやらをつないでみることにしようかの。えっへん!!

◆ワーク25　あなたが実践してみたいカンファレンスは？

●どの実践例が印象に残りましたか？　あなたが実践してみたいカンファレンスはどのようなカンファレンスですか？　メンバーや場所や時間など思いつくままに書いてみましょう。

▼引用文献

★1　G. エドワーズ他『子どもたちの100の言葉―レッジョ・エミリアの幼児教育』(世織書房　2001　p.38)

★2　大宮勇雄『学びの物語の保育実践』(ひとなる書房　2010　p.39)

★3　ワタリウム美術館『驚くべき学びの世界　レッジョ・エミリアの幼児教育』(ACCESS　2011　p.25)

★4　OECD『OECD保育白書人生の始まりこそ力強く:乳幼児期の教育とケア（ＥＣＥＣ）の国際比較』(明石書店　2011　p.169)

★5　日本保育学会『保育学講座⑤保育を支えるネットワーク　支援と連携』(東京大学出版　2016　p.38)

★6　三好伸子・宍戸良子（2015）「ラーニング・ストーリーを用いた子ども理解（2）―実践する保育者の語りより―」　日本保育学会第68回全国大会

★7　宍戸良子（2013）「保育者養成校におけるプロジェクト活動実践の試み―レッジョ・エミリアの保育実践を参考にして―」関西教育学会第65回大会

★8　三好伸子・宍戸良子（2014）「対話を育むことを目的とした保育実習記録の新提案―ナラティヴ・アプローチを用いた保育実習記録項目の比較検討より―」　平成26年度全国保育士養成セミナー・全国保育士養成協議会第53回研究大会

★9　岸井慶子「保育現場から保育者の専門性を考える」『発達83』(ミネルヴァ書房　2000　p.18)

★10　三好伸子・宍戸良子（2018）「保育カンファレンスにおける対話的解釈を育むための基礎条件―ラーニング・ストーリー学習会後の学生と保育者の語りより―」『甲南女子大学研究紀要第54号　人間科学編』(pp.99-113)

★11　三好伸子・宍戸良子・野口知英代（2017）「カンファレンスによる子ども理解・自己理解の試み―保育者・学生との協働記録学習会におけるナラティヴに焦点を当てて―」平成29年度全国保育士養成セミナー全国保育士養成協議会第56回研究大会

★12　津守　真・浜口順子『新しく生きる―津守真と保育を語る―』(フレーベル館　2009　pp.131-132)

★13　内田　樹『先生はえらい』(筑摩書房　2005　pp.10-11)

★14　田中孝彦『人間としての教師』(新日本出版社　1988　pp.84-86)

★15　宍戸良子・三好伸子ほか（2017）自主シンポジウム「多職種協働によるラーニング・ストーリーを活用した子ども理解のカンファレンス」　日本保育学会第70回大会

＜提出用＞

学びの振り返り：本書を見返しながら，学びを振り返りましょう。

番号： なまえ：

提出日：

質問1〜7を見て，書きやすいところから書いてください。質問7については……

1　印象に残っている【学習内容】や，【ワーク内容】を書き出し，【なぜ】それが印象に残っているのかを書いてみましょう。	
2　キャラクターの【発言】や，学習した【用語】，理解した【言葉】などを書き，【自分の言葉を加えて】学びをまとめましょう。	
3　【記録に対する自分の意見】をまとめましょう。	
4　【カンファレンスに対する自分の意見】をまとめましょう。	

129

5 この本に,【もっとこんなページがあればいい】という内容を考えて書きましょう。	
6 【学習全体の感想】を書きましょう。	
7	
8 【教員から】	

番号：　　　　　　　　　なまえ：

★フリーページ★

えっへんじいさん：フリーページじゃぞー。写真を貼っても，ハンコを押しても，絵を描いても，疑問や考えをメモしても何をしてもいいんじゃ。
それらから，今の自分が見えてくる。
きみのすてきなラーニング・ストーリー（学びの物語）じゃ。
さて，わしは，りーちゃんとの写真を貼ろうかな。うー♡
りーちゃんおいで〜。一緒にやるかい。

－ MEMO －

— MEMO —

― MEMO ―

— MEMO —

▶▶▶ **おわりに**

＜街頭インタビュー……学習会を終えた参加者が記者からインタビューを受けている＞

記　　者：	すいませーん。お話を伺ってもいいですか？　今回の学習会は，限定10名だったんですよね？！
保育者：	これ見てくださいー♡　こんなかわいいスタンプを押しながら，勉強したの初めて！（笑顔で去る）
小学校教師：	（同僚と話しながら）本当に自分の考え方は，○○だったと気づいたんですー。
同　　僚：	気づけてよかったじゃん！　明日から実践に活かせるね。
記　　者：	どうしたんですか？
小学校教師：	私は地域の小学校教師です。今日の学習会に参加して，自分の子どもの見方がすごく変わったんです。子どもを見ていた自分の視点が，知らぬ間に偏っていたんだなあって気づかされました。ちょっと早く帰って，考えよう。じゃ，急ぐんで。
園　　長：	おいしかったわねぇ，お茶が。なんかほっこりしたわ〜。
記　　者：	こんな夜遅くまでやって，お疲れが出たんじゃないですか？
園　　長：	それが，疲れは一切なくて，すごく充実して満たされている感じです。お腹も，心も。
記　　者：	えー，園長先生ですよね。そのような経験のある先生が!?
園　　長：	はい，もう，私の経験とかというよりも，若い学生の力とか，新しい視点を教えてもらって，明日からの園の運営が少し変わりそうな気がしてるのです。 もっと子ども一人ひとりに焦点を当てた，カンファレンスをする時間をとりたいと構想しているんです！　やる気でいっぱいです！　では，失礼します。
学生A：	あー，楽しかった♡　これ実習の前に勉強したかったしー。
学生B：	私も，就職先でこの本使おう。大事なこといっぱい書き込んだし！　りーちゃん，最後かわいかった〜。
記　　者：	すいません，「りーちゃん？」って誰ですか？
学生B：	それは，学習会に参加するとわかります。 キウィさん，次回の学習会の予告をしていましたよ。
記　　者：	えええー！　ありがとうございます。（急いで，キウィさんのもとへ向かう） キウィさーん！　学習会を終えて，どんな気持ちですか？　一言お願いします！
キウィさん：	あら，はじめの記者会見のときの記者さんですね。ありがとうございます。 もう，とーっても嬉しかったです！　みなさんが学ぶことに一生懸命だったし，のびのびしていたし，笑顔がいっぱいだったし。やってよかったなあ。私自身もみなさんから教えていただくことがたくさんありました。
記　　者：	みなさんは何だかすごく楽しそうでしたが，今後の学びの継続の可能性は？
キウィさん：	みなさんが今回のアプローチ方法を，それぞれのフィールドに持って帰って，そこで活用していただく中で，新しい意味づけをしていってくれるのではないかなあと思っているんです。 ラーニング・ストーリーには，もっと新しい意味や可能性があるのかもしれないと気づき始めています。だから，もっと学びの姿を見つけたいし，もっとこの試みを続けていけたらいいなって思っています。

参考文献

ラーニング・ストーリーへの理解を深め，本書を作成するに当たり，以下の3冊を重要な手がかりとした。

☆ 大宮勇雄（2010）　学びの物語の保育実践　ひとなる書房
☆ マーガレット・カー（著）　大宮勇雄・鈴木佐喜子（訳）（2013）　保育の場で子どもの学びをアセスメントする―「学びの物語」アプローチの理論と実践―　ひとなる書房
☆ 七木田敦・ジュディス・ダンカン（2015）「子育て先進国」ニュージーランドの保育―歴史と文化が紡ぐ家族支援と幼児教育―　福村出版

研究発表

宍戸良子・三好伸子による「記録」に関するこれまでの研究発表内容を基礎データとした。

① 宍戸良子（2011）「発達の捉え直しと『子ども理解』の新たな可能性―ニュージーランドの『学びの物語』を参考にして―」日本保育学会第64回大会
② 宍戸良子（2012）「ニュージーランド『学びの物語』を用いた共同解釈による幼児理解―保育者養成課程におけるグループワークによる試み―」日本保育学会第65回大会
③ 三好伸子（2012）「保育士と養成施設教員の『保育実習指導者協働学習会』の必要性」全国保育士養成協議会第52回研究大会
④ 三好伸子・宍戸良子（2013）「対話を育むことを目的とした保育実習記録の新提案―ナラティヴ・アプローチを用いた保育実習記録の項目の比較検討より―」全国保育士養成協議会第53回研究大会
⑤ 宍戸良子（2013）「保育者養成校におけるプロジェクト活動実践の試み―レッジョ・エミリアの保育実践を参考にして―」関西教育学会第65回大会
⑥ 三好伸子・宍戸良子（2014）「記録指導の比較から見えてきた対話の重要性―保育の本質に迫る実習記録のよりよい活用を目指して―」日本保育学会第67回全国大会
⑦ 宍戸良子・三好伸子（2015）「ラーニング・ストーリーを用いた子ども理解（1）―保育現場での記録の実際―」日本保育学会第68回全国大会
⑧ 三好伸子・宍戸良子（2015）「ラーニング・ストーリーを用いた子ども理解（2）―実践する保育者の語りより―」日本保育学会第68回全国大会
⑨ 宍戸良子・三好伸子（2015）「ラーニング・ストーリー理論に基づく主体型記録の有効性」全国保育士養成協議会第54回研究大会
⑩ 宍戸良子・三好伸子（2016）「ラーニング・ストーリーを用いた子ども理解（3）―相互理解を育むニュージーランドの保育現場からの学び―」日本保育学会第69回大会
⑪ 三好伸子・宍戸良子・野口知英代（2017）「カンファレンスによる子ども理解・自己理解の試み―保育者・学生との協働記録学習会におけるナラティヴに焦点を当てて―」平成29年度全国保育士養成セミナー全国保育士養成協議会第56回研究大会

作成協力者

野口　知英代　　大阪国際大学短期大学部　准教授
龍尾　和幸　　　社会福祉法人新天地育児院　副院長　／　佛教大学　非常勤講師

＊　本書内の個人名は，上記に記載した作成協力者以外は，すべて仮名である。
＊　語りや写真等は，個人が特定されないように配慮をし，十分な説明と承諾を得て掲載している。
＊　なお，本書の原案となる『記録でつながる人と人　みつけた！　ラーニング・ストーリー：記録からの行動の意味を探るカンファレンスへの展開』は，大阪国際大学短期大学部平成 27 年度特別研究助成を受けて作成した。
　　▶▶▶　「保育者養成校と保育現場が連携し子ども理解を深めていくことを可能とする保育記録の在り方・教授法・教材開発に関する研究―ニュージーランドで開発された子ども理解のアセスメント方法「ラーニング・ストーリー」を手がかりにして―」　研究代表：宍戸 良子

　本書作成にあたって，愛らしいキャラクターを描いてくださった高木理加さん，寄り添い続けてくださった北大路書房の北川芳美さん，西端薫さん，ラーニング・ストーリー学習会やインタビューにご協力くださった皆々様に，深く御礼申し上げます。

あとがき 1

海外・国内の保育界の動向とラーニング・ストーリーの関係

宍戸　良子

　巻末では，世界や我が国の保育界の動向を踏まえたうえで，あらためてラーニング・ストーリーの可能性について考えてみたい。

(1) 保育界の動向とラーニング・ストーリーの可能性

　世界の乳幼児教育・保育を見渡すと，脳科学の視点やノーベル経済学賞受賞者であるジェームズ・ヘックマン教授の研究成果などといったエビデンス（証拠・根拠）をもとに，忍耐力（粘り強さ），意欲，自己抑制，目標への情熱（やる気），自己効力感，思いやり，自信などといった「非認知能力〈学びに向かう力や姿勢〉」の育ちの重要性が謳われており，3歳児までの質の高い保育の重要性に対する認識の高まりや，教育は支出ではなく投資であるという概念の浸透などが見られる。平成29年告示の保育所保育指針では，「乳児保育，3歳未満児保育」や「子育て支援」の記述が充実し，また「養護」の意義が強調された。その背景には，このようなエビデンスに基づく世界の動向やそれに対する日本ならではの特徴（たとえば，0〜2歳児を中心とした保育所利用児童数の増加や，子育て世帯における子育ての負担や不安，孤独感の高まり，児童虐待相談件数の増加など*）を踏まえたうえで，保護者と連携しながら，学びの芽生えの時期である3歳未満のすべての子どもに質の高い保育を提供していきたいという我が国の願いが込められていることが見えてくる。

　ところで，ラーニング・ストーリーは，子どもが好奇心や探究心をもって自分を取り巻く社会（世界）に参加し，他者と共に生きていく「学びの構え（learning disposition）」（詳しくは，本文p.40〜43参照）を身につけることを目標として，ニュージーランドで考案された子ども理解のためのアセスメント方法である。これは，言い換えると，子ども一人一人の「非認知能力」の育ち――とりわけ，「有能な学び手」としての自信――を積極的に応援できる方法であり，また，子どもを信頼し，その子の目線に立って共に世界を捉え，今，育っている（育とうとしている）姿に寄り添いながら，エビデンス（子どもの確かな育ちの証拠）を残し，タイムリーに保育者・保護者・子ども自身とその姿を共有していくことができる方法である。

　このように，ラーニング・ストーリーは，育みたい姿勢の方向性が明確であり，また保育界が重視するものと合致しており，その育ちのエビデンスを示し，共有できるという点において，その有効性が見えてくる。

＊　「保育所保育指針の改定に関する議論のとりまとめの概要」（平成28年12月21日）社会保障審議会児童部会保育専門委員会によると，1.2歳児の保育所等利用率は，「27.6％（H20）→ 38.1％（H27）」→ 45.7％（H29）と急増している。また，児童虐待相談件数は，「42,664件（H20）→ 103,286件（H27）」→ 122,578件（H28速報値）と年々増加傾向にある。

あとがき1　海外・国内の保育界の動向とラーニング・ストーリーの関係

　子育て真最中の保護者の方に，ラーニング・ストーリーの5つの視点を伝え，我が子のラーニング・ストーリーを作成してもらうと，「いつもただ同じようなことをしていると思ったけれど，そこに意味があることを知って驚いた」「子どもの見方がわかって，いつも一緒にいる我が子との時間が楽しくなった」などといった声が聴かれた。また，絵本棚の中から，自分の姿が綴られたラーニング・ストーリーのファイルを毎晩「よんで」と保護者のもとへ持参し，それを抱えて眠っているという1歳児のお子さんの話を保護者の方から伺い，大人の信頼のまなざしは，子ども自身にも確かに伝わり，自己肯定感を育んでいくものだと感じている。新保育所保育指針には，「保護者が子どもの成長に気付き子育ての喜びを感じられるように努める」「一人一人の子どもが，周囲から主体として受け止められ，主体として育ち，自分を肯定する気持ちが育まれていくようにする」などといった記載があるが，前述の事例からも，ラーニング・ストーリーを活用していくことの有効性が見えてくる。

(2) ラーニング・ストーリーの「学びの構え」と新幼稚園教育要領・新保育所保育指針等の「育みたい資質・能力」

　ラーニング・ストーリーの「学びの構え」の5つの領域（①関心をもつ，②熱中する，③困難ややったことがないことに立ち向かう，④自分の考えや気持ちを表現する，⑤自ら責任を担う）は，新幼稚園教育要領・新保育所保育指針等に示された，生涯にわたる生きる力の基礎を培うために「育みたい資質・能力」の育ちを捉える視点としても活用できる。

　「育みたい資質・能力」の1つ目に示される，遊びや生活の中で豊かな体験を通じて，感じたり，気付いたり，分かったり，できるようになったりする「知識及び技能の基礎」は，主に子ども自身の興味・関心を出発点として，物事に熱中する中で，その機会を多く得て育まれるものであろう。つまり，ラーニング・ストーリーの①関心をもち，②熱中する子どもの姿を見つめる中で，それらの育ちを捉えていくことができると言える。

　また，「育みたい資質・能力」の2つ目に示される，遊びや生活の中で気付いたことや，できるようになったことなどを使い，考えたり，試したり，工夫したり，表現したりする「思考力・判断力・表現力等の基礎」は，ラーニング・ストーリーが大切にしている③困難ややったことがないことに立ち向かう姿や④考えや気持ちを表現する姿そのものと言える。

　そして，「育みたい資質・能力」の3つ目に示される，心情，意欲，態度が育つ中で，よりよい生活を営もうとする「学びに向かう力，人間性等」は，ラーニング・ストーリーの連続性（①②③④⑤の一連の流れ）の中で育まれていくものであり，ラーニング・ストーリーが重視する他者との関係性の中で⑤自ら責任を担う（責任ある行動＊をとる）姿とは，まさしく「よりよい生活を営もうとする」姿であり，新要領・新指針が目指す姿と言えるだろう。

　このように，新要領・新指針とラーニング・ストーリーは，親和性が高いことが見えてくる。

＊　大宮勇雄ほか『子どもの心が見えてきた』（ひとなる書房　2011）によると「責任ある行動」とは，「友だちに力を貸したり，教えてやったり世話をしたりするというような『相手の立場に立って行動する』ことのほかに，『自分を振り返る』こと―自分を振り返るためには誰か別の人の立場に立って自分を見ることが必要です―や，『クラスの運営に協力したり意見を言ったりする』こと―クラスの当番や保育者の期待に応えて行動することだけでなく，自分なりにクラス全体のことを考えようとすること自体が『責任ある行動』です―」などが含まれていると紹介している。

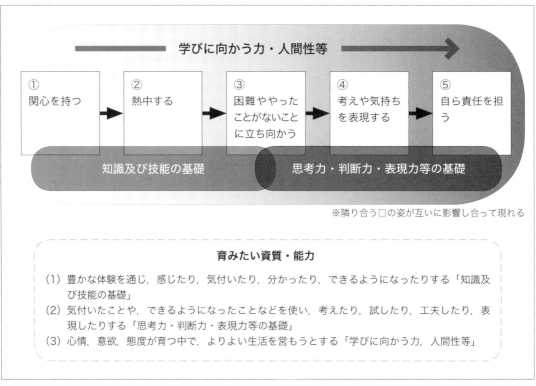

学びの物語の連続性と育みたい資質・能力の親和性＊

(3) ラーニング・ストーリーの固有性

次に，ラーニング・ストーリーの固有性についても着目してみたい。

●いかなる自己像をもつ子どもに育てたいか

突然だが，あなたは自分自身を紹介するとき，「私は，〜な人です」の〜に，どのような言葉を入れるだろうか。子どもたちだったら，どうだろう――自分をどのような人と表現するだろうか。

一見漠然とした問いに思われるかもしれないが，その子どもたちの答えの中に，乳幼児期に育みたい心持ちのヒントが隠されていると感じている。

実は，ラーニング・ストーリーは，目標としている子ども像（どんな自己像をもつ子どもに育ってほしいか）を明確に持っている。

たとえば，「ぼくは，○○ハカセなの。」というように，"自分は何かに関心をもつことができる存在であり，熱中する人だ"という自己像を持つ子どもであったり，「わたし，むずかしいの，だいすき。むずかしいから，おもしろいんだよ。いっしょにやる？」というような"どんな難しいことに出会っても，間違いを恐れず，立ち向かい挑戦する人だ"という自己像を持つ子どもであったり，「オレはだれとでも，おともだちになれるよ。」というように，"どんな相手とも考え

＊ マーガレット・カー『保育の場で子どもの学びをアセスメントする「学びの物語」アプローチの理論と実践』（ひとなる書房 2013 p.163）図6-1「学びの物語の連続性」を参考にし，新要領・新指針との親和性に関する情報を加えて筆者が独自に作成した。

あとがき1　海外・国内の保育界の動向とラーニング・ストーリーの関係

や気持ちを表現してコミュニケーションを図る人だ"という自己像を持つ子どもであったり，さらには，「みんなのために，こうするの。」というように，"権利と責任を有する1人の市民である"という自己像を持つ子どもであったり……こういった自己像を持ち，自分に自信を持つこと（「学びの構え」を育むこと）を，ラーニング・ストーリーは，何より重視しているのである。

●発達をどのように捉えているのか

では，なぜ上述のような自己像を持つ子どもに育ってほしいと願うのか。それは，ラーニング・ストーリーのベースにある発達観に注目すると，その答えが見えてくる。

また，ラーニング・ストーリー学習会において，「5つの視点を意識して記録を書くことには，どういう意図があるのですか？」という質問をいただくことがある。その答えも，ラーニング・ストーリーが重視している発達観に立ち戻ることが，子どもの姿を捉える視点への理解に結びついていくのではないかと考える。

ラーニング・ストーリーは，子どもがその子を取り巻く世界に「参加」していくこと，その「参加の仕方が変容していくこと」「参加のレパートリーが豊かになっていくこと」を，「発達」と捉えているのである。

ゆえに，上述の自己像を持つということは，参加のレパートリーを「拡大」させ，「複雑化」させながら，世界への多様な参加の仕方を学び，豊かに生きていくためのスタンスを今まさに身につけているところだと言える。ラーニング・ストーリーは，そのような人間に育てていくことに価値を置いているのである。また，ラーニング・ストーリーの5つの視点は，その子ならではのやり方で世界へ「参加」している具体的な姿を見える化し，その子どもの学びの深化（参加のレパートリーの広がりや深まり）に必要な支援を考えていくことができるため，なくてはならない視点なのである。

これからますます予測困難な時代を迎えていく中で，私たちは子どもたちへどのようなメッセージを残し，何に重きを置きながら，日々の保育や子育てを展開していくべきなのか――社会が激動の過渡期を迎えている今だからこそ，今一度，熟考するべきときであり，ラーニング・ストーリーには，その多くのヒントが含まれているのではないかと感じている。

(4)「幼児期の終わりまでに育ってほしい姿」とテ・ファリキ（Te Whariki）に込められたメッセージ

新幼稚園教育要領・新保育所保育指針等では，「幼児期の終わりまでに育ってほしい姿」として，10の姿（健康な心と体，自立心，協同性，道徳性・規範意識の芽生え，社会生活との関わり，思考力の芽生え，自然との関わり・生命尊重，数量・図形，標識や文字などへの関心・感覚，言葉による伝え合い，豊かな感性と表現）が示されている。

各姿のそれぞれの内容を見てみると，「（体験または経験）することで，〜になる」という表記になっている。ここから，その子を取り巻くさまざまな関係性や状況――言い換えれば，豊かな環境――の中で，多様な体験や経験をすることこそが重要であり，そういったプロセスを経てはじめて，体験や経験のなかで大切にされた感覚や意識を，子ども自らがよりよく生きていくために自分のものとして身につけていくのだということが見えてくる。

ゆえに，子どもたちの真の育ちとは，「できる・できない」という目で見てすぐにわかる即時的結果を期待する営みの中で育まれるものではなく，長く複雑で多様なプロセスの中で，また，さまざまな体験や経験や状況が織り交ぜられ重なり合うなかで，ゆっくりと力強く育まれていくものであることがわかる。さらに，体験や経験が育ちの原点となるため，その質の重要性が問われていること，そして一見目で見えにくいプロセスの中での確かな育ちを可視化（意味づけ，評価）していくことの意義が見えてくる。

　ところで，ニュージーランドのナショナルカリキュラム「テ・ファリキ（Te Whariki）」

テ・ファリキの図

は，多民族国家である背景や多様な乳幼児保育・教育施設が存在する背景を踏まえたうえで，保育の質を保障しながら，子どもたちの育ちの多様性を尊重し，また，有能な学び手としての自信を支えることを目標として1996年に策定されたものである。「テ・ファリキ」は，4つの原理（「エンパワーメント（Empowerment）」「全人格的発達（Holistic Development）」「家族と地域社会（Family and Community）」「関係性（Relationships）」）と5つの領域（「幸福感（Well-being）」「所属感（Belonging）」「貢献（Contribution）」「コミュニケーション（Communication）」「探究（Exploration）」）からなるが，その領域の目標が，何かをできるようにすることとしておらず，「〜環境を経験する」ことを目標として掲げている。また，その言語は，英語とマオリ語とで記載されている。

　「テ・ファリキ」とは，先住民族マオリ族の言葉で「織物」のことを意味する。つまり，このカリキュラムは，4つの原理と5つの領域が縦糸と横糸になって織りなす，誰しもが心地よく心の拠りどころにできる敷物（じゅうたん）のようなものであり，この心地よいじゅうたんの上で，多様な背景をもつ子どもたちの帰属意識を尊重しながら，一人一人が思い思いに経験を重ね，自分に自信をもち，多様に成長していくことを支えていこうというメタファーが込められている。

　養成校の授業で学生たちに，このような一連の話をすると，目を輝かせ，我が国ならではの要領や指針の愛称を考えてみようという流れになることがある。そして，「日本らしく『たたみ』はどう？」「『ござ』がいいんじゃない？」「あと最近は外国の方も多く暮らしているから，みんなに分かりやすいようにローマ字表記も付けよう」「じゃあ，"THE TATAMI"だね」「それなら絶対忘れない」などと盛り上がる。何気ない余談のようだが，この姿は，自分らしさ（アイデンティティ）を意識し，相手のことを思いやる気持ちをもちながら，子どもたちの育ちを支えていくカリキュラムや目標を，自分たちの手で主体的に創り上げていこうとする意識の出発点のように思う。「テ・ファリキ」が，トップダウンではなく，子どもたちのそばにいる大人たちの手によって，ボトムアップのかたちで生まれたカリキュラムであるように，このような営みこそが，すべての子どもたちの幸福を願う質の高い保育に結びついていくのではないかと考えている。

あとがき2 本書を生かした保育カンファレンスの改善

三好　伸子

　ラーニング・ストーリーは，従来のチェックリスト等による子ども理解から，子どもの声を聴くことに方法を転換し，総合的に子ども理解を進めるために開発されたものである。私は保育者の目線や立場から，保育者の声を聴き合うことや，本書の使用目的などを考えたい。

(1) 保育者の声の聴き合い

　保育者は，日常生活の中で，自分の身体と心を動かし，子ども理解や自己理解を循環させながら，子どもと共に歩む。保育者たちは，それらの理解の際に同僚らと言葉に出して共有するのではないだろうか。あなたの職場では，どのような声の掛け合いがあるだろうか。具体的な子どもの姿を観察し，試行錯誤を重ねる過程で，互いの声を聴き合いながら子ども理解と自己理解がされているだろうか。本書は，ラーニング・ストーリーを用いて，子ども理解と自己理解を進める体験型・実践型ワークブックを目指した。身体と心を動かしながら，声を発しつつ学べるようになっている。

(2) カンファレンス恐怖症・カンファレンスの困難さ

　私は，保育者たちが声を出し合い話し合うカンファレンスにおいて，問題点を感じることがある。たとえば，ここでは，「今日の活動でのAちゃんの主体的な参加についての評価を行いましょう」というテーマ設定でのカンファレンスを仮設定してみよう。

　日本の多くの保育形態では，1人の保育者が，子ども集団に対して，また，集団の中の1人であるAちゃんに対して「よかれと思う」支援を行う。そのため保育者らは，Aちゃんの想いへの考察を深めようとするとき，「よかれと思う」自己の想いを語り始めることが非常に多い。そのような観点から始まるカンファレンスでは，保育者は「Aちゃん目線からの見つめ直し」よりも前に，「自己目線からの（同僚や保護者目線の場合もある）保育内容の分析や自己の到達点からの子ども評価」を行ってしまいがちである。残念ながら，そのような保育者の立場からの反省点や，保育者の思い込みなどを挙げ連ねるカンファレンスでは，経験値の尊重ばかりが行われ，いつまでたっても「Aちゃん主体」の，Aちゃんが必要とする「評価」からずれてしまう（課題①とする）。

　私は，保育者は日常的に4つの対象にとっての「よかれ」を考えていると思う。1番目は子ども集団にとって，2番目はAちゃんにとって，3番目は自己にとって，最後に，自己の「よかれ」を解釈する同僚にとってである。その4つの対象への「よかれ」について，複雑に交錯した想いを抱えている保育者が，カンファレンスの場に集まる。交錯した想いが，さらに絡まって混線し

てしまうのではないだろうか。

　さらに悪いことに、直接的な援助者の保育者が、自分が精一杯考えた複雑な「よかれ」を、保護者や同僚らに認められなかったと感じた場合には、攻撃された、批判されたという傷つきだけを心に刻む。それをきっかけに保育者が主体的に行動できなくなったり、カンファレンス前に指摘されることを察知して他のことは考えられない状態になっていたり、発言ができなくなったりする場面を私は多く見てきた。カンファレンス恐怖症になってしまうのだ（課題②とする）。

　また、私は、保育者らの個別性の「尊重しすぎ」も、カンファレンスの困難さを生み出す一因であると思っている（課題③とする）。保育者たちは、保育者個人のこれまでの生活史・人生史の違いや現在の生活背景、保育現場での処遇などの違いからくる参加意欲の差異、参加時間の制約や、テーマに向かいたいと思うタイミングなど、周囲の環境や状況の読み取りをしつつ、他者の内面への気配りなどを行う。そのような目の前の相手の背景や文脈を丁寧に知ろうという姿勢は、保育という複雑な営みを支える保育者の専門性の1つだということはわかる。しかしながら、Aちゃんのカンファレンスの場で、保育者の背景の読み取りを行っていると、カンファレンスの時間は不足する。この場合、保育者自身の傷つき（課題②）はなくなるが、やはり、Aちゃん主体のカンファレンスにならない（課題①）だろう。

　私は、カンファレンスの場で保育者が個別性を「尊重しすぎ」の状況は、日常の「聴き合い体験」の不足から起こっていると考えている。お互いのことを知らない中でカンファレンスをしているという課題を持つ保育現場や、同僚から「聴き取られた」という経験を感じていない保育者は多いと感じている。

　以上の課題から、保育者たちがカンファレンス恐怖症にならないためには、「テーマ設定の焦点化」と「参加者の対等性の保障」と「聴き合い体験」が必要だと考える。まず、何を話し合うかということを保育現場の誰と誰が決めて、どれだけの時間で何を目指して話し合うか、というテーマの焦点化をする。次に、参加者が、受け身になったり、攻撃や否定されたと感じたりしないような対等な関係性を構築する。最後に、保育者たちの「聴き合い体験」の実施である。それらは、多くの保育現場の課題としてあるのではないだろうか。

(3) 本書を用いたカンファレンス体験の良さ

　さて、本書を用いてカンファレンスを行うと課題がすべて解決できるとは考えていないが、その特徴を体験しながら理解していただきたい。

　まず第一に、本書は、全員がキャラクターの役になって読み合うことで、安心してその場で声を出すという体験から始まり、相互に声を聴き合う場づくりができる。そして、子どもの行動解釈を複数の人たちで行うところを重要視し、「テーマ設定の焦点化」と「参加者の対等性の保障」を自然に体験できるようになっている。子ども理解と自己理解は、1人ではできない。近くの人たちと10分でよいので、本書を持ち寄って、Aちゃんの行動からAちゃんのことを話してみよう。まず、あなたの「よかれ」と隣の人の「よかれ」の違いに気づくことができる。その後、「Aちゃんの望むよかれ」が見つかるかもしれない。保育には「決定的なよかれ」はないが、カンファレンスでは、保育者が行った支援やその保育者の個性に着目・尊重しすぎるのではなく、「Aちゃんのよかれ」を（その場で援助の実施をしなかった保育者も含めて）各自が出し合い、Aちゃ

んの今の育ちや今後の求めを満たすように,「保育者が工夫したり,援助を考えたり」するところに,保育者の主体性が発揮され,尊重されることがよいと考える。

　第二に,本書の初めは,まず大人同士で記録対象者になり合い,カンファレンス体験が行えうように作っている。この体験は保育者の「聴き合い体験」となり,その後,対象者が集団の中の1人の子どもとなった場合でも,「どう理解すればいいのか,どのように評価されればその後の意欲につながるのか」という視点に大きな影響を与えることに気づくだろう。カンファレンスでの参加者の対等性が構築できないと感じる際や同僚のことをよく知らないと感じる場合には,この同僚の声を聴く体験が有効だと考える。

　しかし,これもまたそのようなことに気づくタイミングや,その時間のかけ方も,保育者によって(保護者も同様に)それぞれ違う。話し合い,悩み,傷つき,また傷つきを支え合い,すれ違いや妥協をしたり,怒ったり泣いたり笑い合ったりするかもしれない。再び,子どもと自己への想いの交錯や,混線が起こり,悩み続けるかもしれない。

　最後に,その交錯や混線(それは,保育者たちの自己表現や他者とコミュニケーションをとろうとする学びの姿だともいえるだろう)への解決の1つの糸口として,第三者(学生,保護者,地域の人たち)の参加も有効だ。第三者の発言により,「テーマ設定の焦点化」と「参加者の対等性の保障」の軸のブレが修正されることがある。少しのブレの修正をきっかけにして,「聴き合い体験」を思い出すこともあるだろう。このようなAちゃんへの信頼をベースにするラーニング・ストーリーの理論を実践することと同じように,自己や同僚,保護者へ信頼を寄せることも必要だと改めて感じるだろう。そのような他者とのカンファレンスであれば,カンファレンス恐怖症には陥らない。Aちゃんの物語と共に,あなたの学びの物語が同僚や周囲の人たちと話し合いながら進んでいくと感じている。私と一緒にカンファレンスを体験した保育者が,「以前は,保育者が集まると,愚痴を互いに言い合い,慰め合っていた。カンファレンスをした後から,それまでなら愚痴の対象のような子どもの姿を,少しおもしろがって話す姿が多くなった。子どもへの視点が変わるきっかけになった。」と語った。

　本書を用いたカンファレンスの繰り返しにより,保育者同士の声を聴き合う実体験を深められ,子ども主体の保育を目指して子どもと共に歩む保育者個人のラーニング・ストーリーにもなる。「よかれ」をチームで考え続け,「子どもと理解し合えた!」「もっと,理解し合いたい」「私はこういうことが好きなんだ!」という保育者の究極の楽しさを見つけていただくことを願ってやまない。

▶▶▶ **著者自身のラーニング・ストーリーと読者のみなさんへのメッセージ**

宍戸 良子

みなさん，こんにちは。本書をお手にとっていただき，ありがとうございます。
突然ですが……。私は，自己紹介が苦手です。実は今，本書の最終校正段階（印刷製本直前！）にして，悩みながらこの文章を書いています。「自分が歩んできた道を話せばいいのだから，大丈夫！」とよく励ましをいただくのですが，それでもやっぱり苦手です（そんな方いらっしゃいませんか）。このようなときの救世主！　となるものが，自分の歩みを可視化でき，第三者にも提示することができるラーニング・ストーリーなのではないかと実感しています。

本書作成過程は，私自身の学びの物語そのものであり，とても楽しく，時に苦しく難しく……だからこそ，とても面白いものでした。共同執筆者の三好伸子さんと，真剣な顔での打ち合わせ・ひらめき・喜び・感動をたくさん重ねてきました。

試行段階では，本書内ワークを活用し，学生・保育者・研究者を構成メンバーとする学習会を試み，子どものことをみんなで語り合う場を設けました。ラーニング・ストーリーでは，子どもの声，保護者の声，保育者らの声を大切にして共有できるように，本書では，子どものことを思い真剣にカンファレンスに臨む方々の生の声を，積極的に紹介しています。

また，ラーニング・ストーリーに向き合う（特に，他者と対話する）なかで，改めて自分の人生をじっくり振り返り，これまで他者に語ることができなかった自分（今の自分を作っている原点）を語ることができる機会がありました。このようにラーニング・ストーリーには，子ども理解にとどまらず，自己理解，他者理解を深めることができる要素があることを実感し，ますますその魅力を感じています（いつか私も自己紹介が得意になれるかも！）。

私は今回，キウィさんになりきって本文を書きました。本書 80 ページでは，「子どもの尊い声を聴くこと」の重要性について述べました。稚拙な文章ですが，キウィさんの語りは，私自身の学びや伝えたいメッセージのすべてです。

学び合える仲間がいる「幸せ」や確かな「居場所」を実感し，他者と共に生きる自分に「自信」を持ち，「コミュニケーション」を図り，子どものことをもっと知ろうと「探究」するに当たって，本書がその一助となれば幸いです。

三好 伸子

私の①幼稚園教諭時代，②保育士時代，③保育者養成教員時代（現在）を振り返ると……

① 「自分が全力で頑張らなければ！」と必要以上の責任感をもち，頑張りすぎて，保育内容の理解と実践に非常に困難を感じていました。すぐ近くに保育者を応援し支えてくれる人がいると，今は保育者に伝えていきたいです。
② 初めて乳児保育，クッキング保育，異年齢児保育などに挑戦しましたが，自分の保育観が芽生えつつあり，少し力が抜けるようになり，子どもを含めてまわりの人になんでも教えてもらいました。赤ちゃんは，私に「今日もその態度でいいよ」と背中をぽんぽんと叩いて認めてくれたり，大声で泣きながら励ましてくれたりしているように思いました。
③ 実習生との出会いから，保育者養成教育の道へ進み，「保育実習の現状と課題」という研究計画を持ち，大学院に入学しました。学生たちが，インタビューや，「保育を語る会」「おもちゃ作り」のサークル活動の中で，少しずつ「学校教育や教師，親や友達への気持ち」「実習体験」「阪神・淡路大震災のこと」などを話してくれました。

子ども・学生と，保育者たちの相互理解について，「実習」「記録」「対話」というキーワードで悩みながら授業をしていたころ，宍戸良子さんと出会いました。そして，『学生・保育者・保育者養成校教員による協働記録学習会』の実施に至りました。本当に感謝です。「語りを聴く」意味を教えてくださった元武庫川女子大学田中孝彦教授，多くの協力してくださった人たちにも感謝の気持ちでいっぱいです。

えっへんじぃさんは，地球に降り立ったときは，偉そうに後ろから監督をしています。それが，ワークの進行とともに，気持ちが変化してりーちゃんの手を引いて（引かれて？）宇宙に帰っています。みなさんが，本書を使って，キャラクターと自分の姿を重ねたり，新しいキャラクターを誕生させたりしながら，子ども理解を深め，自己への気づきや変化を楽しんでいただけたらと思います。

▶▶▶ 著者紹介

 宍戸　良子　(Ryoko SHISHIDO)

▶▶▶ 作新学院大学女子短期大学部　幼児教育科　准教授

　ラーニング・ストーリーを活用して，子ども・学生・保育者・対人援助職の方々・保護者・地域社会と結びつき，相互理解を深めながら，一人ひとりがアイデンティティを持ち，笑顔で過ごすことができる実践共同体を構築していくことに関心を持って勉強中です。

【執筆担当箇所】
　ミッション1：イントロダクション①
　ミッション2：イントロダクション②，1., 2., 3.
　ミッション3：イントロダクション③，1.(1), 1.(2), 2.(1), 4.実践例①, ④, ⑤, ⑥, ⑦
　コラム2，コラム3，コラム5，コラム6

 三好　伸子　(Nobuko MIYOSHI)

▶▶▶ 金沢星稜大学人間科学部　子ども学科　教授

　保育者・学生・子どものまわりの人たちの語りから，保育の本質に迫りたいと願っています。誰もが聴かれることで，幸せ感や安心感を抱けるナラティヴに興味関心を持っています。さらに，リラックス・遊び・休み・笑いをカンファレンスに取り入れる方法を模索中です。

【執筆担当箇所】
　ミッション1：1., 2., 3., 4.
　ミッション2：2.(2)
　ミッション3：1.(3), 2.(2), 2.(3), 3.(1), 3.(2), 4.実践例②, ③, ⑧
　コラム1，コラム4，コラム7

▶▶▶ 連絡先

　ラーニング・ストーリー学習会に関するお問い合わせは，こちらまで。

learningstory913 @ gmail.com
（キウィさん）

子どもの育ちをとらえるラーニング・ストーリー
―いつでも，どこでも，だれでもできる観察・記録・評価―

2018年3月20日	初版第1刷発行
2023年7月20日	初版第3刷発行

定価はカバーに
表示してあります。

著　者　宍　戸　良　子
　　　　三　好　伸　子

発行所　(株)北大路書房

〒603-8303
京都市北区紫野十二坊町12-8
電話（075）431-0361（代）
FAX（075）431-9393
振替　01050-4-2083

©2018　　　　　　印刷・製本／(株)太洋社

検印省略　落丁・乱丁本はお取り替えいたします。
ISBN978-4-7628-3011-2　　Printed in Japan

・ JCOPY 〈(社)出版者著作権管理機構 委託出版物〉
本書の無断複写は著作権法上での例外を除き禁じられています。
複写される場合は，そのつど事前に，(社)出版者著作権管理機構
（電話 03-5244-5088，FAX 03-5244-5089，e-mail: info@jcopy.or.jp）
の許諾を得てください。